Sören Wittenberg

Statistische Ein-Klassen-Signalbewertung mit akustischen Datenbasen selbstbeschreibender Daten

TUD*press*

Studientexte zur Sprachkommunikation
Hg. von Rüdiger Hoffmann
ISSN 0940-6832
Bd. 63

Sören Wittenberg

Statistische Ein-Klassen-Signalbewertung mit akustischen Datenbasen selbstbeschreibender Daten

TUD*press*
2012

Die vorliegende Arbeit wurde unter dem Titel »Statistische Ein-Klassen-Signalbewertung mit akustischen Datenbasen selbstbeschreibender Daten« von der Fakultät Elektrotechnik und Informationstechnik der Technischen Universität Dresden zur Erlangung des akademischen Grades eines Doktoringenieurs (Dr.-Ing.) als Dissertation genehmigt.

Vorsitzender: Prof. Dr.-Ing. Ralf Lehnert

Gutachter: Prof. Dr.-Ing. habil. Rüdiger Hoffmann
Prof. Dr.-Ing. habil. Klaus Kabitzsch

Tag der Einreichung: 06. Februar 2012
Tag der Verteidigung: 12. Juni 2012

Bibliografische Information der Deutschen Nationalbibliothek
Die Deutsche Nationalbibliothek verzeichnet diese Publikation in der Deutschen Nationalbibliografie; detaillierte bibliografische Daten sind im Internet über http://dnb.d-nb.de abrufbar.

Bibliographic information published by the Deutsche Nationalbibliothek
The Deutsche Nationalbibliothek lists this publication in the Deutsche Nationalbibliografie; detailed bibliographic data are available in the Internet at http://dnb.d-nb.de.

ISBN 978-3-942710-91-6

Verlag der Wissenschaften GmbH
Bergstr. 70 | D-01069 Dresden
Tel.: +49 351 47969720 | Fax: +49 351 47960819
http://www.tudpress.de

Gesetzt vom Autor.
Printed in Germany.

Formelzeichen, Symbole und Abkürzungen

Formelzeichen und Symbole

k	... diskreter Zeitindex
n	... diskreter Frequenzindex
m	... diskrete Zeitfensterposition
p	... Iterationsindex und Zeitfensterindex
$h(k)$	... zeitdiskrete Fensterfunktion
$x(k)$	... zeitdiskretes Messsignal
B	... Filterbandbreite
f	... Frequenz
ψ_{xx}	... Autokorrelationsfunktion eines zeitdiskreten Signals
$\underline{X}$	... Kurzzeitspektrum
$\vec{o}$	... N-dimensionaler Merkmalvektor mit $N \in \mathbb{N}^*$
$\vec{\mathbf{o}}$	... Folge von Merkmalvektoren
d	... Bewertung
s	... Entscheidung
e	... Zustandsübergang
z	... Zustand
$\mathbf{e}$	... Folge von Zustandsübergängen
$\lvert\mathbf{e}\rvert$	... Länge einer Folge
$\vec{w}$	... allgemeiner Parametervektor
$\mathbf{W}$	... allgemeine Transformationsmatrix
c	... Klasse aus Klassenmenge $\mathbb{C}$
$\mathscr{U}^L$	... Pfad der Länge $L \in \mathbb{N}^*$
$max\{..\}$	... Maximum-Operator
$min\{..\}$	... Minimum-Operator
$\mathbf{K}$	... Kernfunktion
G	... Modellparameter
Σ	... Kovarianzmatrix
$\vec{\mu}$	... Mittelwertvektor
nLL	... negative logarithmierte Likelihood
L	... Likelihood-Funktion
LL	... logarithmierte Likelihood-Funktion

Abkürzungen

AKF	... Autokorrelationsfunktion
ASCII	... American Standard Code of Information Interchange
CDATA	... unparsed Character Data
DFT	... Discrete Fourier Transformation
DTD	... Document Type Definition
EER	... Equal Error Rate
FAR	... Falschakzeptanzrate
FFT	... Fast Fourier Transformation
FRR	... Falschrückweisungsrate
FTT	... FOURIER-Time-Transformation
GMM	... Gaussian Mixture Model
HMM	... Hidden Markov Model
HTML	... Hyper Text Markup Language
IPA	... International Phonetic Alphabet
LPC	... Linear Prediction Coding
LSF	... Line Spectral Frequency
LMAG	... Logarithmic Magnitude Spectrum
PCA	... Principal Component Analysis
PCDATA	... parsed Character Data
PLS	... Pronunciation Lexicon Specification
ROC	... Receiver Operating Characteristic
SVDD	... Support Vector Data Description
SVG	... Scalable Vector Graphic
SVM	... Suppot Vector Machine
UASR	... Unified Approach for Speech Synthesis and Recognition
UTF	... Unicode Transformation Format
W3C	... World Wide Web Consortium
XML	... Extensible Markup Language
XSL	... Extensible Stylesheet Language

Vorwort

Das Studium der Informationssystemtechnik an der Technischen Universität Dresden umfasst die interdisziplinäre Ausbildung von Elektrotechnik und Informatik. Durch vielfältige Vertiefungsmöglichkeiten besteht im Hauptstudium die Möglichkeit, die persönlichen Interessen im Studium zu berücksichtigen. So war es mir möglich, die Grundlagen der Informationstechnik, Softwareentwicklung und verteilter Systeme mit den Grundlagen der Elektrotechnik zu kombinieren und mir ein breites berufliches Einsatzgebiet zu schaffen. Das Interesse am Gebiet der Signalverarbeitung, akustischen Mustererkennung und Spracherkennung führte mich bereits während des Studiums an die heutige Professur für Systemtheorie und Sprachtechnologie von Herrn Prof. Dr.-Ing. habil. Rüdiger Hoffmann und seinen Mitarbeitern. Nach erfolgreicher Verteidigung meiner Diplomarbeit bot mir Prof. Hoffmann die Möglichkeit, als Doktorand die Kenntnisse als Informationssystemtechniker in das Gebiet der akustischen Mustererkennung einzubringen. Bei der wissenschaftlichen Arbeit zeigte sich, dass diese Kenntnisse für die Erfassung, Speicherung, Verwaltung und automatische Verarbeitung von akustischen Signalen sehr wichtig sind. So entstand die Idee eines prosodisch-phonetische Annotationssystems, welches alle für die Erstellung einer akustischen Datenbasis notwendigen Einheiten vereint und über eine einheitliche Datenrepräsentation die Handhabung stark vereinfacht. In Industrieprojekten mit dem Fokus auf der Klassifikation nichtsprachlicher, akustischer Signale ergaben sich für die Signalerfassung, -verarbeitung und -verwaltung identische Probleme, wie vorher in der Sprachverarbeitung. Die konsequente Über- bzw. Weiterführung des in der Sprachverarbeitung entstandenen Ansatzes führte letztendlich zu akustischen Datenbasen selbstbeschreibender Daten und damit zur Idee dieser Dissertation. Durch das in Industrieprojekten wiederkehrende Problem fehlender akustischer Beschreibungen von Fehlerzuständen zu klassifizierender Bauteile, entstand außerdem die Notwendigkeit einer zuverlässigen Signalbewertung, ausgehend von akustischen Aufnahmen einer einzigen Klasse. Diese Dissertation vereint die praktische Umsetzung der im Studium erworbenen theoretischen Kenntnisse und die Ergebnisse meiner vertiefenden, wissenschaftlichen Arbeit auf dem Gebiet der nichtsprachlichen, akustischen Mustererkennung und zeigt an zwei ausgewählten, praktischen Beispielen die Leistungsfähigkeit des entstandenen Gesamtsystems.

Danksagung

Ich möchte mich an dieser Stelle bei den Personen bedanken, die mich bei meiner Promotion unterstützt und begleitet haben. Mein ganz besonderer Dank richtet sich an meinen Doktorvater, Herrn Prof. Dr.-Ing. habil. Rüdiger Hoffmann, für die Ermöglichung dieser Dissertation und seine Betreuung. Weiterhin danke ich Herrn Prof. Dr.-Ing. habil. Klaus Kabitzsch für die Begutachtung der Disseration und Herrn Prof. Dr.-Ing. habil. Matthias Wolff für sein stets kritisches Hinterfragen, die vielen Hinweise zur rechentechnischen Umsetzung mit dLabPro und die Ermöglichung, mich in der Lehre einzubringen. Danken möchte ich auch den Herren PD Dr. Ulrich Kordon, Dipl.-Ing. Steffen Kürbis und Dipl.-Ing. Dietmar Richter, die mir mit Ihren langjährigen Erfahrungen an vielen Stellen wichtige Impulse gegeben haben. Herrn Dr.-Ing. Thomas Pusch gilt mein Dank für die gewissenhafte Durchführung der Aufnahmen von akustischen Körperschallsignalen an Textilmaschinen.

Ich danke allen Kollegen der Professur Systemtheorie und Sprachtechnologie für die freundliche und kollegiale Atmosphäre, durch die viele Dinge des Arbeitsalltages leichter zu bewältigen waren. Besonders bedanke ich mich bei Frau Barbara Wrann für die Abnahme vieler Verwaltungsaufgaben, was die Konzentration auf die eigentliche wissenschaftliche Arbeit stark erleichtert hat.

Ein ganz besonders herzlicher Dank richtet sich an meine Eltern Liane und Jürgen, meine Schwester Denise mit Familie, meiner Lebensgefährtin Stefanie und ihrer Familie für die andauernde Unterstützung. Nicht vergessen möchte ich meine sehr guten Freunde Harald und Christian, die durch stetiges Interesse zur Fertigstellung der Dissertation beigetragen haben.

Dresden, im August 2012 — Sören Wittenberg

Inhaltsverzeichnis

Kapitel 1

Einführung

1.1 Motivation

In der Objekterkennung wird allgemein die Frage formuliert, zu welcher Klasse unbekannte Objekte gehören. Klassen sind dabei als Beschreibungen zu verstehen, die einer Menge von Objekten gemeinsame Eigenschaften zuordnen. Würde es nur Objekte einer einzigen Klasse geben, so wäre die Objekterkennung überflüssig. Ein anschauliches Beispiel liefert die Betrachtung neuentwickelter Bauteile (z. B. Wälzlager), von denen es nach der erfolgreichen Produktion nur intakte Exemplare gibt. Diese bilden aufgrund ihrer Eigenschaften eine Klasse *NEU*. Ein zufällig ausgewähltes Bauteil muss demzufolge genau dieser einen Klasse *NEU* angehören. Im Lebenszyklus der Bauteile kommt es aber zu Änderungen der Bauteileigenschaften und es kann nicht mehr nur von einer Klasse ausgegangen werden. Es existieren somit mehrere Klassen, in die die Bauteile entsprechend ihrer Eigenschaften eingeteilt werden müssen. Eine einfache Unterteilung ist *NEU*, *GEBRAUCHT* und *DEFEKT*. Ein zufällig ausgewähltes Bauteil, mit unbekannten Eigenschaften, gehört einer dieser Klassen an. Die Definition, welche Eigenschaften die Bauteile besitzen müssen, um den entsprechenden Klassen zugeordnet werden zu können, setzt das Vorhandensein entsprechender Bauteile für jede Klasse voraus. In vielen (potentiellen) Anwendungen der Objekterkennung kann für diesen Wissenserwerb nur auf Objekte einer Klasse, üblicherweise der Klasse *NEU*, zugegriffen werden. Damit besteht das Problem, dass nur noch Wissen über eine, nicht aber über mehrere Klassen erhoben werden kann. Das Mehr-Klassen-Problem wird zwangsläufig auf ein Ein-Klassen-Problem heruntergebrochen und es wird nur noch zwischen „gehört zur Klasse“ bzw. „gehört nicht zur Klasse“ unterschieden. Es ist zu beachten, dass diese Entscheidung nicht als Zwei-Klassen-Problem anzusehen ist, da nur bezüglich der Zugehörigkeit zur einzig beschreibbaren Klasse entschieden wird.

Die bloße Entscheidung, ob das Objekt zur definierten Klasse gehört oder nicht, ist wenig befriedigend. Es ist deshalb davon wegzugehen, nur die Entscheidung auf Zugehörigkeit zu fordern und stattdessen eine Aussage zur Beziehung zwischen definierter Klasse und dem untersuchten Objekt zu formulieren. Dies kann durch eine einfache zahlenmäßige Bewertung erfolgen. Zur Verdeutlichung wird nochmals das Beispiel der Bauteile aufgegriffen:

Objekte besitzen Eigenschaften, anhand derer die Zuordnung zu Klassen erfolgt. Diese Eigenschaften werden *Merkmale* genannt. Im einfachsten Fall erfolgt die Zuordung anhand nur eines Merkmals. Für das oben gewählt Beispiel der Bauteile könnte die Bauteiltemperatur während des Betriebs das entsprechende Merkmal sein. Nach dem fehlerfreien Herstellungsprozess werden alle produzierten Bauteile im Versuchstand einer Funktionsprüfung unterzogen und ihre Betriebstemperatur gemessen. Da geringe Fertigungstoleranzen nicht auszuschliessen sind, werden die einzelnen Temperaturen geringfügig um einen Mittelwert schwanken. Der Bereich vom kleinsten zum grössten Temperaturwert wird *Klassengebiet* im *Merkmalraum* und die Menge der untersuchten Bauteile *Lernstichprobe* genannt. Liegt die Temperatur eines unbekannten Bauteils im Klassengebiet der Lernstichprobe, so wird es der Klasse zugeordnet. Ist die Bauteiltemperatur sehr weit vom oberen Rand des Klassengebietes entfernt, so steht sehr wahrscheinlich der Bauteildefekt bevor. Ist der Wert hingegen nah am Klassengebiet, kann dies auf einen geringen Verschleiß oder eine notwendige Schmierung hindeuten. Durch die Angabe eines Zahlenwertes (z. B. Temperaturdifferenz zum Klassenmittelwert) kann eine Zustandsüberwachung mit nur einer Klasse erfolgen.

Da Bauteile ihre typische Betriebstemperatur erst nach vielen Betriebsstunden erreichen, kommt es bei diesem sehr einfach angesetzten Klassifikationsverfahren zu Fehlern. Gerade bei rotierenden Bauteilen, wie Wälzlager unter konstanter Drehzahl, kommt es in den ersten Betriebsstunden durch starke Anfangsreibung zu hohen Temperaturen. Erst nachdem das Wälzlager eingelaufen ist, sinkt die Temperatur auf die typische Betriebstemperatur ab, um gegen Ende des Bauteillebenszyklus verschleißbedingt wieder anzusteigen. Für die zuverlässige Anwendung des *Ein-Klassen-Ansatzes* ist deshalb ein Bewertungsverfahren notwendig, das trotz des geschilderten Problems den Bauteilzustand robust bestimmen kann. Ein solches Verfahren ist die Merkmalvektorfolgenklassifikation mittels *Hidden*-MARKOV-*Modellen*. Da die Bauteiltemperatur als einziges Merkmal nicht zuverlässig genug ist, werden mehrdimensionale Merkmalvektoren bevorzugt eingesetzt. Bei rotierenden Bauteilen können diese Merkmalvektoren aus akustischen Aufzeichnungen gewonnen werden.

Eine akustische Aufzeichnung besteht aus akustischen Ereignissen. Jedes der Ereignisse besitzt bestimmte Merkmale, anhand derer es identifiziert werden kann. In der Objekterkennung werden Objekte mit ähnlichen Eigenschaften – und als diese sind die akustischen Ereignisse aufzufassen – in Klassen zusammengefasst. Die Ereignisse sind durch messbare Schalldruck-Zeitfunktionen darstellbar und werden Realisierungen oder Instanzen der Klassen genannt. Zur Verdeutlichung wird eine akustische Aufzeichnung des Wortes „Sprache“ betrachtet. Die Aufzeichnung beinhaltete akustische Ereignisse, die Laute genannt werden. Die durch einen Signalabschnitt in der erfassten Schalldruck-Zeitfunktion des Wortes „Sprache“ realisierten Laute sind Instanzen der Lautklassen[1] *S*, *p*, *r*, *a:*, *x* und *@*. Das akustische Ereignis *a:* in der Aufzeichnung ist also eine real existierende Instanz der Lautklasse *a:*. Als Instanz der Lautklasse besitzt das akustische Ereignis Merkmale, anhand derer es seiner Lautklasse zugeordnet werden kann. Ist hingegen nur die Aufzeichnung vorhanden, besteht die Aufgabe die Schalldruck-Zeitfunktion zu analysieren, die Merkmale zu extrahieren und eine Zuordnung zu den Klassen durchzuführen. Diese Vorgänge werden akustische Objekterkennung bezeichnet.

[1] Die Bezeichnung der Lautklassen folgt der SAMPA-Notation des Internationalen Phonetischen Alphabets (kurz IPA, [Smi00]).

Die Erfassung akustischer Signale erfolgt mit akustischen Sensoren, welche problemabhängig auszuwählen sind. Häufig eingesetzte Sensoren sind Mikrofone, Körperschallsensoren, Hydrofone oder Schallintensitätssonden. Das betrachtete akustische Objekterkennungssystem fordert als Eingabesignal eine wertediskrete, eindimensionale Funktionswertfolge mit äquidistanten Abtastzeitpunkten. Die Erfassung der Sensorensignale, die Digitalisierung, hardwarebasierte Signalvorverarbeitung und die mögliche Zusammenführung mehrerer Aufnahmekänale zum geforderten eindimensionalen Signal wird dem Prozess der Signalerfassung zugeordnet, dessen Ausgabe ein zeit- und wertdiskretes Messsignal $x(k \cdot \Delta t) = x(k)$ ist.

Ein mathematisches Modell zur Beschreibung einer Schar von Signalen mit gemeinsamen Eigenschaften ist der *stochastische Prozess* [WS05]. Wird der stochastische Prozess $\mathbf{X}$ zu bestimmten, diskreten Zeitpunkten k betrachtet, erhält man jeweils eine Zufallsvariable $X = \mathbf{X}(k)$. Da diese Zufallsvariablen von der diskreten Zeit k abhängen, ergibt sich eine diskrete Zufallsfunktion, die stochastischer Prozess $\mathbf{X}$ mit diskreter Zeit k genannt wird. Wird dieser stochastische Prozess über einen Zeitraum beobachtet, so ergibt sich die bereits angesprochene Schar von Signalen $\mathbf{x}(k)$. Da nachfolgend stets eine einzelne Realisierung des Zufallsprozess betrachtet wird (eine diskrete Zeitfunktion), sei diese mit $x(k)$ bezeichnet.

Viele akustische Signale sind Realisierungen stochastischer Prozesse. Da sich die statistischen Eigenschaften der zugrundeliegenden Zufallsvariablen $\mathbf{X}(k)$ mit der Zeit ändern können, muss bei diesen akustischen Signalen von Realisierungen *instationärer stochastischer Prozesse* gesprochen werden. Da derartige Prozesse schwer zu handhaben sind, besteht der Wunsch nach ergodischen oder wenigstens stationären Zufallsprozessen. Ein stochastischer Prozess wird als stationär bezeichnet, wenn sich seine statistischen Eigenschaften mit der Zeit nicht ändern und damit vom Zeitpunkt der Erfassung unabhängig sind. Der Mittelwert der Werte aller Realisierungen zu einem bestimmten Zeitpunkt wird Scharmittelwert genannt. Stimmen diese Scharmittelwerte zusätzlich mit den Zeitmittelwerten jeder beliebigen Realisierung überein und können so vertauscht werden, wird von einem *ergodischen Zufallsprozess* gesprochen [Hän01]. Kann Stationarität nur für eine kurze Zeitdauer angenommen werden, wird von *Kurzzeit-Stationarität* gesprochen und eine spektrale Analyse derartiger Signale mittels *Kurzzeit-Spektralanalyse* entsprechend Abschnitt 2.2 bzw. [Hof98] vorgenommen.

Die spektrale Analyse ist ein verbreitetes Verfahren, um die oben angesprochenen Merkmale aus dem realisierten, akustischen Signal zu extrahieren und in geeigneter Form zu präsentieren. Es entstehen so N-dimensionale Merkmalvektoren $\vec{o} \in \mathbb{R}^N$, die das gesamte akustische Signal beschreiben, oder Merkmalvektorfolgen $\underline{\vec{o}} \in \mathbb{R}^N$, die mit zeitlich geordneten Merkmalvektoren kurze Signalabschnitte beschreiben. Um die Anzahl der Merkmale und damit die Komplexität des Erkennungsproblems zu reduzieren, werden erstellte Kombinations- und Deliminationregeln oder automatische Verfahren auf die von den Signalanalyseverfahren ermittelten Merkmalvektor(folg)en angewandt. Der gesamte Vorgang der Transformation des Signals $x(k)$ in die Merkmalvektor(folg)en $\vec{o}$ bzw. $\underline{\vec{o}}$ wird als *Signalanalyse* bezeichnet.

Die in der Signalanalyse erstellten Merkmalvektor(folg)en werden der *Klassifikation* als Eingabe zugeführt. Diese nimmt eine Bewertung $d(\vec{o})$ bzw. $\vec{d}(\underline{\vec{o}})$ der angebotenen Merkmalvektor(folg)en vor, mittels derer eine Entscheidung $s(d(\vec{o})) \in C$ bzw. $s(\vec{d}(\underline{\vec{o}})) \in C$ aus der Menge der definierten Erkennungsklassen C (z. B. *NEU* und *DEFEKT*) erfolgen kann.

Das sich aus dieser Beschreibung ergebende allgemeine Mustererkennungssystem nach [Wol11] ist in der Abbildung 1 dargestellt.

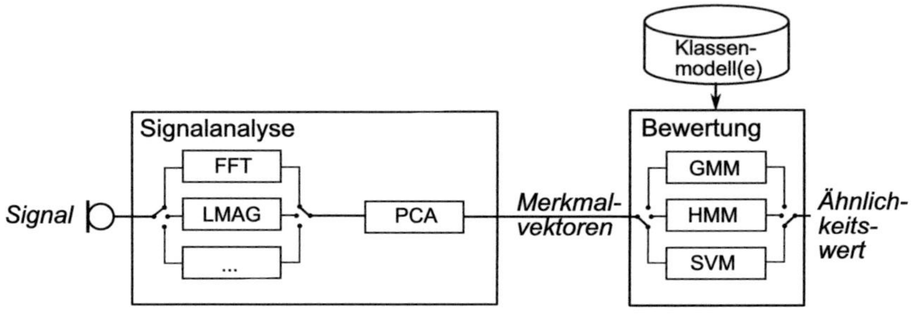

Abbildung 1: Grobstruktur eines akustischen Mustererkennungssystems in Anlehnung an [Wol11].

Der in Abbildung 1 mit *Modell* bezeichnete Block enthält alle Informationen, die zur entsprechenden Klasse vorhanden bzw. für die Signalbewertung interessant sind. Die Informationen werden aus einer klassifizierten Lernstichprobe von akustischen Signalinstanzen gewonnen. Die Gewinnung der Informationen kann nicht bereits während der Signalerfassung erfolgen, weshalb alle Signale abgespeichert werden. Die notwendige Datenhaltung stellt infolge von zahlreichen Zusatzinformationen, Beschreibungen und Annotationen eine Herausforderung dar. Die Betrachtung eines Sprachsignals macht dies am deutlichsten, da für die automatische Sprachsignalverarbeitung folgende Informationen abgespeichert werden müssen [JWC$^+$07]:

- akustisches Signal,
- orthografische Umschrift,
- phonetische Umschrift,
- prosodische Annotationen,
- Grundfrequenzverlauf,
- Zeitmarken der Wort- und Lautgrenzen.

Diese Informationen werden parallel zu den eigentlichen Signaldaten in viele verschiedene Dateien abgelegt. Wird das Signal als Menge von akustischen Ereignissen bzw. Objekten betrachtet, so gehören all die genannten Informationen aber eindeutig zu den entsprechenden akustischen Objekten und somit zum Signal. Aus diesem Grund wird ein Ansatz vorgestellt, der die Informationen nicht mehr von den akustischen Signalen getrennt und stattdessen in strukturierter Form in einer Datei ablegt. Um die automatische Validierbarkeit und Lesbarkeit für den Benutzer zu ermöglichen, wird die sehr weit verbreitete Auszeichnungssprache *eXtensible Markup Language* (kurz XML) verwendet.

Wird der Ansatz einer Datei je akustischem Signal mit dem Ein-Klassen-Ansatz verknüpft, entsteht ein sehr übersichtliches und leicht bedienbares System für verschiedenste Signalbewertungsaufgaben. Ein Beispiel ist die Zustandsüberwachung beweglicher Maschinenbauteile. Wird beispielsweise der Lernprozess eines Maschinenführers betrachtet, so ist dieser dem eben formulierten Systemansatz sehr ähnlich. Bekommt ein Maschinenführer eine neue Maschine, so erlernt er die akustische Geräuschsituation seiner Maschine und ordnet sie der intakten Maschine zu. Mit fortschreitender Zeit kennt er die typischen Geräusche seiner intakten Maschine. Erzeugt ein Bauteil beschädigungsbedingt *untypische* Geräusche, wird er dies einzig aus dem Vorliegen des bisher nicht erlernten Geräusches erkennen. Ist dieses Geräusch typisch für eine bestimmte Beschädigung, wird er die geänderte Geräuschsituation mit dem defekten Bauteil verknüpfen. Nach diesem Prinzip kann das dargestellte System aufgebaut werden. Das System geht von einer Klasse (*NEU*e Maschine) aus und erlernt die Eigenschaften der akustischen Situation. Ändert sich die akustische Situation, so wird dies dem Benutzer mitgeteilt. Dieser entscheidet, ob die Entscheidung richtig war oder diese neue akustische Situation erlernt werden soll. Vom Grundgedanken her kennt das System nur die erlernte Klasse und schlägt Alarm, wenn es einen *Ausreißer* gefunden hat.

Ein populärer Ansatz zur Detektion von Ausreißern ist der Stützvektorenansatz (engl. *support vektor machine*), in der speziellen Ausprägung als Ein-Klassen-SVM. Die mathematische Beschreibung dieses Ansatzes ist in Kapitel 3 dargestellt. Auf diesen Ansatz aufbauend, hat [Tax01] die sogenannte *Support Vector Data Description* (kurz SVDD, dt. Stützvektorendatenbeschreibung) definiert, wodurch der Ein-Klassen-Ansatz sehr viel Aufmerksamkeit erhalten hat.

1.2 Zielstellung

Das Problem des als Ein-Klassen-Klassifikation (engl. *one-class-classification*) bekannten Ansatzes ist das Fehlen von Informationen über weitere Klassen. Dadurch können alle Ansätze nur eine Schätzung der klassenbeschreibenden Merkmale anhand einer Stichprobe vornehmen. Aus dieser Schätzung ergibt sich im Merkmalraum ein Klassengebiet der einen Klasse. Führt die Signalbewertung eines unbekannten akustischen Objektes zu einer Lage außerhalb des Klassengebietes, wird ein Ausreißer erkannt. Die Frage besteht nun darin, wo *Außen* beginnt und wie aufwendig die Schätzung des Klassengebietes ist. Der Reiz des SVDD- oder Ein-Klassen-SVM-Ansatzes liegt in der augenscheinlichen Einfachheit, dass nur der Rand des Klassengebiets (Randmethode) durch wenige Stützvektoren modelliert werden muss. Die Schwierigkeit liegt aber im Auffinden dieser Vektoren und der Formulierung der *richtigen* Trennfunktion. Eine weitere Schwierigkeit bietet der SVM-Ansatz selbst, da er einen Vektorklassifikator beschreibt, der keine beliebig langen Merkmalvektorfolgen klassifizieren kann.

Diesen beiden Schwierigkeiten wird in der vorliegenden Arbeit durch den Einsatz von statistischen Beschreibungen der Klassengebiete entgangen. Dies wird durch die in der Lernphase sehr rechen- und datenintensiven Verfahren der akustischen Vektorfolgenklassifikation mit GM- und HM-Modellen entsprechend Kapitel 3 erreicht. Die Beschreibung dieses Ansatzes läßt sich anhand einer Klasse herleiten und ist dadurch sehr gut für die Signalbewertung mit einer Klasse geeignet. Weiterhin sind keine Änderungen beim Übergang zu einer Mehr-Klassen-Klassifikation notwendig, ebensowenig wie für die Merkmalvektorfolgenklassifikation. Die Bedenken von [Tax01], riesige Lernstichproben erheben zu müssen, können mit den Kapiteln 6 und 7 entkräftet werden.

Die vorliegende Arbeit stellt im Kapitel 5.1 eine einfach zu verwendende Anwendung vor, die Eigenschaften akustischer Objekte lernen kann und unbekannte Objekte auf ihre Ähnlichkeit zum Erlernten hin untersucht. Das verwendete Ähnlichkeitsmaß ist ein Zahlenwert, dessen genaue Bedeutung durch eine klassifizierte Teststichprobe festgelegt werden muß. In der Anwendung zur Zustandsüberwachung beweglicher Maschinenbauteile entsprechend Kapitel 6 kann dem Ähnlichkeitsmaß die Bedeutung des Zerstörungsgrades in Prozent zugeordnet werden.

Die Anwendung ist als Ein-Klassen-Ansatz ausgelegt und soll die Eigenschaften akustischer Objekte einer Klasse lernen. Liegen nur Daten dieser Klasse vor, lernt das System und bewertet unbekannte Objekte. Sind diese dem bereits Erlernten zu unähnlich, wird Alarm gegeben und der Benutzer muss die Entscheidung annehmen oder ablehnen. Abhängig von dieser Entscheidung lernt das System das bestehende Modell weiter oder legt das akustische Objekt als Ausreißer ab. Häufen sich die Ausreißer, kann das System eine neue Klasse der Ausreißer erlernen. Aus dem Ein-Klassen-System wird dann ein Mehr-Klassen-System. Diese Forderung unterscheidet sich vom kombinierten Ein-Klassen-Ansatz nach [BPTD09].

Um ein derartiges System zu realisieren, bieten sich die Ansätze der statistischen Vektorfolgenklassifikation mit HM-Modell an. Um das System flexibel zu halten, ist es notwendig, alle gewonnen Daten zu sichern bzw. zu konzentrieren. Dies wird durch die Anwendung selbstbeschreibender Daten entsprechend Kapitel 4 erreicht. Ein akustisches Ereignis wird als Objekt betrachtet und diesem Objekt werden alle zu ihm gehörenden Daten zugeordnet bzw. direkt gebunden. Ein akustisches Objekt wird im System durch eine einzige Datei repräsentiert. Um dem Benutzer Zugriff auf die Objektdaten zu ermöglichen, wird eine einfache XML-Datenstruktur gewählt, die automatisch in beliebige Zielstrukturen gebracht werden kann. Die Ursprungsdaten bleiben dabei für den Benutzer les- und interpretierbar.

Kapitel 2

Signalanalyse

2.1 Motivation

In der Abbildung 2 (oben) ist eine typische Instanz der Klasse „gebrauchtes, rotierendes Bauteil“ durch einen Ausschnitt des zugehörigen zeitdiskreten Signals $x(k)$ dargestellt. In der automatischen Signalbewertung gilt es eine Aussage zu treffen, wie ähnlich diese Instanz einem erlernten Modell ist. Dazu sind signifikante Merkmale aus dem Zeitsignal zu extrahieren. Ein deutliches Kennzeichen des dargestellten Signals ist die zeitliche Struktur. Das Signal umfasst zwei vollständige Umdrehungen, die jeweils aus einer energiereichen und einer energieärmeren Phase bestehen. Der visuelle Vergleich beider Phasen zeigt, dass die energiereiche Phase niederfrequente Anteile hoher Amplitude besitzt, welche in der anderen Phase nicht sichtbar sind. Das deutet darauf hin, dass sich die spektrale Zusammensetzung des Signals in den verschiedenen Phasen unterscheidet. Aus diesen Betrachtungen wird abgeleitet, dass die Darstellung des Signals im Frequenzbereich signifikante Merkmale für die automatische Signalbewertung bereitstellt.

Die Transformation in den Frequenzbereich wird von der diskreten FOURIER-Transformation (kurz DFT) oder der rechentechnisch günstigen FFT (schnelle (engl. *fast*) FOURIER-Transformation) realisiert. Sie liefert im Ergebnis ein komplexes Linienspektrum, welches getrennt in Betrags- und Phasenspektrum weiterverarbeitet wird. Das Betragsspektrum gibt Aufschluss darüber, wieviel Energie in den einzelnen Frequenzbereichen vorhanden ist. Es liefert somit charakteristische Merkmale des Signals. Für das oben betrachtete Beispielsignal besitzt das Betragsspektrum im niederfrequenten Bereich hohe Werte. Das Phasenspektrum ist schwerer interpretierbar, weshalb es meist nur für die Rücktransformation in den Zeitbereich verwendet. Da diese bei der akustischen Signalbewertung nicht durchgeführt wird, entfällt die Analyse des Phasenspektrums.

Das Betragsspektrum beschreibt die spektrale Zusammensetzung eines akustischen Signals. Ohne die Phaseninformation erlaubt es aber keine Rückschlüsse zu dessen zeitliche Struktur. Gibt es – wie im oben betrachteten Beispiel – verschiedene zeitliche Phasen, so sind diese ohne die Verwendung des Phasenspektrums einzeln durch Betragsspektren zu beschreiben. Es ist somit zweckmässig einzelne stationäre Signalabschnitte durch getrennte Betragsspektrum zu beschreiben. Wird ein derartiges Signal mittels DFT in den Spektralbereich überführt, ist die Betrachtung des Betragsspektrums dann ausreichend, da stationäre keine zeitlich veränderliche Zusammensetzung besitzen.

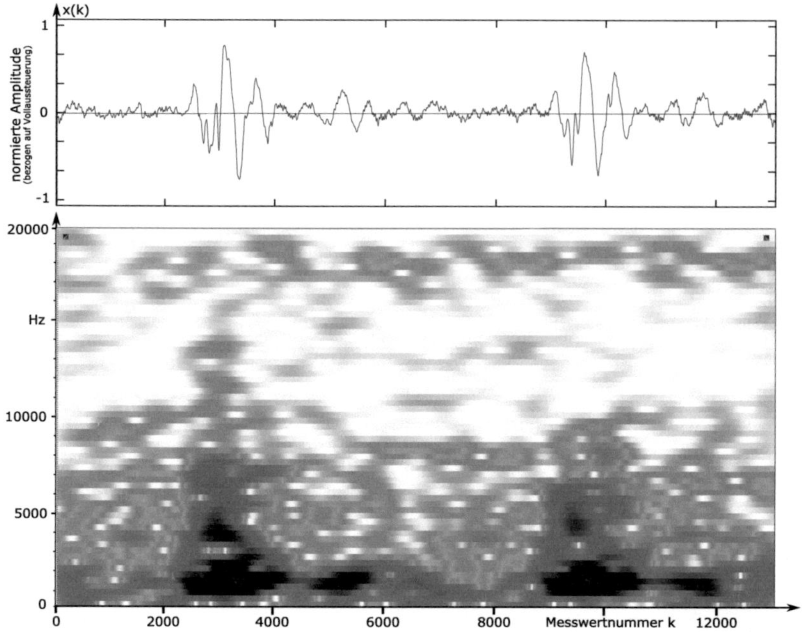

Abbildung 2: Beispiel des Körperschallsignals eines rotierenden Bauteils. Dargestellt ist für zwei Umdrehungen das Zeitsignal (oben) und das zugehörige Spektrogramm (1024-Punkte-FFT, BLACKMAN-Fenster, Fensterschrittweite 1 Abtastwert, Darstellung der ersten 64 Koeffizienten).

Wird das Signal aus Abbildung 2 in kurze Signalabschnitte zerlegt, kann für diese Signalabschnitte Stationarität angenommen und von *quasi-stationären* Signalen gesprochen werden. Die Analyse im Spektralbereich wird *Kurzzeit-Spektralanalyse* bezeichnet und folgend beschrieben. Das Ergebnis der Kurzzeit-Spektralanalyse für das Beispielsignal ist in Abbildung 2 (unten) als Spektrogramm dargestellt.

2.2 Kurzzeit-Spektralanalyse

Die Möglichkeit, viele instationäre Signale über kurze Abschnitte als (quasi-)stationär zu betrachten, führt für die Gewinnung spektraler Eigenschaften zur Verwendung der *Kurzzeit-Spektralanalyse*. Dazu werden aus dem Signal x mit Hilfe einer Fensterfunktion h kurze Signalabschnitte „herausgeschnitten“

$$x_p(k) = \begin{cases} x(k) \cdot h(k-m) & : k \in \{m, m+1, ..., m+N-1\} \\ 0 & : \text{sonst} \end{cases} \quad (1)$$

mit $m = i \cdot p$; $m \in \mathbb{N}$ als Zeitfensterposition, $p \in \mathbb{N}$ als Index des Signalabschnittes und $i \in \mathbb{N}$ als Schrittweite des Zeitfensters. Diese Teilsignale können separat verarbeitet werden.

Die Überführung eines Signalabschnittes vom Zeit- in den Frequenzbereich erfolgt durch die diskrete FOURIER-Transformation. Da aber die blockweise Verarbeitung und die daraus resultierenden diskreten FOURIER-Transformierten nur von der diskretisierten Frequenz n, nicht aber von der Zeit abhängen, kann keine Aussage über das zeitliche Auftreten der Spektralanteile im Gesamtsignal getroffen werden. Aus diesem Grund erhält jeder Signalblock eine Kennzeichnung seines zeitlichen Auftretens und es ergibt sich die *Kurzzeit-DFT*

$$\underline{X}(n,m) = \frac{1}{N} \sum_{k=m-N+1}^{m} x(k)h(m-k)e^{-j2\pi\frac{1}{N}(k-m-N-1)} \tag{2}$$

mit $h(m-k)$ als Fensterfunktion, $n = 0, 1, \ldots, N-1$ als Index der Spektrallinien und m als Zeitfensterposition.

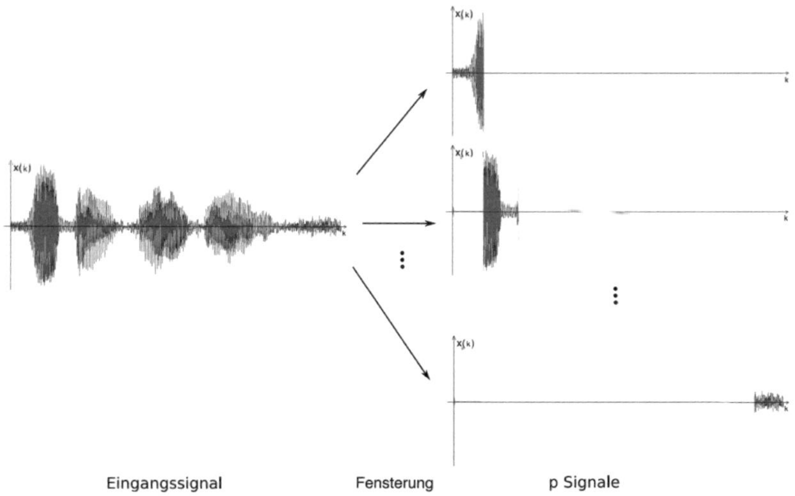

Abbildung 3: Bildung von Signalabschnitten (Rechteck-Fensterung).

Es ist zu beachten, dass m von der Anzahl der Signalwerte N pro Abschnitt, einer möglichen Überlappung der benachbarten Signalabschnitte und vom Index des betrachteten Signalblocks abhängt. Für die Zeitfensterposition ergibt sich $m = (N-i) \cdot p$ mit $p \in \mathbb{N}$ (Index des Signalabschnitts) und $i \in \mathbb{N}, i \leq N$ (Überlappung; für $i = 0$ entsteht keine Überlappung). Um diesen Sachverhalt eindeutiger darzustellen, wird im Weiteren das Kurzzeitspektrum des Signalabschnitt p durch die Notation $\underline{X}_p(n)$ mit $p \in \mathbb{N}$ bzw. den p-ten Signalabschnitt eines Signals mit $x_p(k)$ zu kennzeichnen. Wenn eine bereits vorhandene Indizierung diese Form nicht zulässt, wird entsprechend davon abgesehen.

Aus der Kurzzeit-Spektralanalyse soll eine Folge von diskreten Kurzzeitspektren hervorgehen, deren Anzahl unter anderem von den Signalwerten N pro Signalabschnitt abhängt. Die Größe von N ist abhängig von der gewünschten Frequenz- bzw. Zeitauflösung. Werden sehr viele Signalwerte für die Berechnung eines diskreten Kurzzeitspektrums verwendet, besitzt es entsprechend viele Koeffizienten bzw. Spektrallinien und es wird von einer feinen Frequenzauflösung gesprochen. Werden nur wenige Signalwerte für die Berechnung des diskreten Kurzzeitspektrums verwendet, beschreiben nur wenige Spektrallinien die komplette spektrale Zusammensetzung des Signals und es liegt eine grobe Frequenzauflösung vor. Ein großes N führt somit zu einer feinen Frequenzauflösung, durch die vielen notwendigen Signalwerte gleichzeitig aber auch zu einer gröberen Rasterung in Zeitrichtung (vergleiche Abbildung 4). Praktisch wird die Wahl der Länge der Signalabschnitte meist durch das Signal selbst vorgegeben.

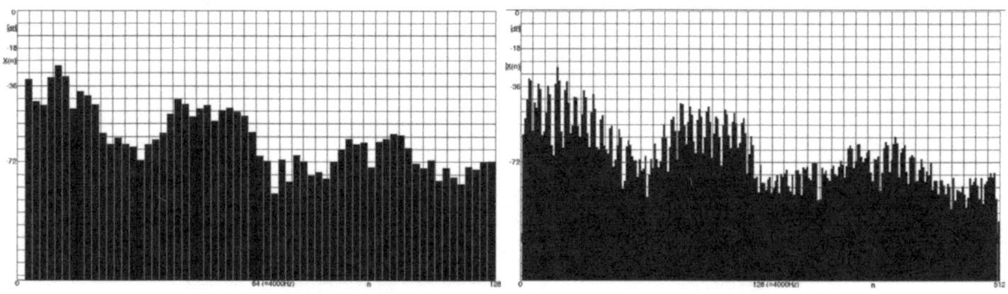

(a) mit N=128 (b) mit N=512

Abbildung 4: Spektrum in Abhängigkeit von der Länge N des Signalabschnittes.

Technisch lässt sich die Transformation schnell mit Hilfe einer N-Punkte-FFT realisieren. Das „Herausschneiden" der einzelnen Signalabschnitte aus dem Signal x wird im einfachsten Fall (Abbildung 3) durch eine Rechteck-Fensterfunktion h realisiert, sollte aber zur Vermeidung von Sprungstellen an den Fensterrändern, und dadurch resultierenden Verwischungen im Kurzzeitspektrum, besser durch eine andere Fensterfunktion ersetzt werden. Es gibt eine Vielzahl solcher Funktionen, die sich durch unterschiedliche Charakteristika auszeichnen [Hof98] [OS99]. Ihr Einsatz sollte deshalb immer problemspezifisch erfolgen. Für die in den Abschnitten 6 und 7 betrachteten Signale wurde das BLACKMAN-Fenster verwendet. Es weist an den Rändern eine sehr hohe Signaldämpfung auf, besitzt dafür aber leider ein Spektrum mit sehr breiter Hauptkeule. Da die Multiplikation einer Fensterfunktion mit einem Signal zur Faltung der beiden Spektren führt, werden die Spektralkomponenten des Signals mit denen der Fensterfunktion gewichtet. Infolge der breiten Hauptkeule des BLACKMAN-Fenster ist das Spektrum des gefensteren Signals wenig frequenzselektiv, dafür wirken sich die stark gedämpften Nebenkeulen des Spektrums des BLACKMAN-Fensters aber wenig aus. Die verringerte Frequenzselektivität ist bei den untersuchten Signalen ohne Bedeutung, da sie ohnehin nur in einer einer begrenzten Anzahl von Frequenzbändern untersucht werden können.

Neben der Wahl einer geeigneten Fensterfunktion kommt auch der Wahl der Überlappung i benachbarter Signalabschnitte eine entscheidende Rolle zu. Durch sie kann der Einfluss der abschnittsweisen Analyse zusätzlich verringert werden.

Kurzzeit-Autokorrelationsfunktion

Die Autokorrelationsfunktion eines zeitdiskreten Signals (Realisierung eines ergodischen Prozess) kann Periodizitäten im Signal aufdecken. Dazu wird das Signal durch die Berechnung der Gleichung

$$\psi_{xx}(\tau) = \lim_{N\to\infty} \frac{1}{2N+1} \sum_{k=-N}^{N} x(k) \cdot x(k+\tau) \tag{3}$$

mit sich selbst verglichen.

Praktisch kann diese Gleichung nicht erfüllt werden, da die Messung von $x(k)$ nur in endlicher Zeit möglich ist. Außerdem ist die Bedingung der Stationarität meist nicht gegeben, weshalb auch hier der Übergang zu den Kurzzeiteigenschaften gemacht werden muss. Die Schätzung der Autokorrelationsfunktion für das p-te Zeitfenster der Länge N wird entsprechend *Kurzzeit-Autokorrelationsfunktion*

$$\begin{aligned} \psi_{xx}(\tau,p) &= \frac{1}{N} \sum_{k=0}^{N-1} x(k,p) \cdot x(k+\tau,p) \\ &= \frac{1}{N} \sum_{k=0}^{N-1} x_p(k) \cdot x_p(k+\tau) \end{aligned} \tag{4}$$

(mit p als Zeitfensterindex) bezeichnet und stellt eine gerade, zeitdiskrete Funktion mit maximal $2N-1$ Werten ungleich 0 dar.

2.3 Gehörrichtige Verarbeitung

Es ist nicht immer zweckmäßig, Signale in Abschnitte zu unterteilen und diese mit den Verfahren der Kurzzeitanalyse zu untersuchen. Um spektrale Merkmale aus Signalen zu gewinnen, können auch akustische (Digital-)Filter [Hof98] genutzt werden. Für diese besteht die Frage der Filtercharakteristik, welche abhängig vom Signalbewertungsproblem festgelegt werden muss. Da viele betrachtete, akustische Ereignisse binaural wahrgenommen werden, ist die Charakteristik der Filter mit Anlehnung an das menschliche Hörsystem zweckmäßig. Durch E. Zwicker [ZZ03] ist bekannt, dass das menschliche Gehör akustische Reize in 24 *Frequenzgruppen* im Bereich von rund 20 Hz bis 20 kHz verarbeitet. Unterhalb 500 Hz sind die Bandbreiten dieser Frequenzgruppen mit etwa 100 Hz konstant, steigen dann aber oberhalb 500 Hz näherungsweise mit einer Bandbreite von 0,2 mal der Frequenz gleichbleibend an. Dieser Sachverhalt ist in der durch E. Zwicker formulierten Bark-Skala festgehalten, in welcher die Bandbreite einer Frequenzgruppe einem Bark entspricht, und somit die Frequenzgruppennummern direkt mit der Bark-Skala korrespondieren. Soll eine gehörangepasste Signalanalyse erfolgen, kann dies durch die Verwendung einer Filterbank [VHH98] mit Bandpassfiltern entsprechender Bandbreiten und Mittenfrequenzen erfolgen. Die den Filtern zugrundeliegenden Flankensteilheiten werden nicht betrachtet, obwohl bekannt ist, dass die Flankensteilheiten der menschlichen "Bandpässe" frequenzabhängig sind.

Für eine vereinfachte grafische Darstellung wird folgend von 14 Frequenzgruppen ausgegangen. Gilt die Bark-Skala als Basis für die Parametrierung der verwendeten Filterbank, so soll eine Startfrequenz von $f_s = 50\,\mathrm{Hz}$, eine Filterbandbreite von $B = 1.0\,\mathrm{Bark}$ bezogen auf die Filtermittenfrequenz f_m und ein Abstand aufeinanderfolgender Filtermittenfrequenz von $\Delta f = 1.0\,\mathrm{Bark}$ gelten. Dadurch entstehen im Frequenzbereich bis 2 kHz 14 Bandpassfilter entsprechend Abbildung 5 (oben). Die Berechnung der Filtermittenfrequenzen f_m (in Hz) und -bandbreiten B_m (in Hz) mit $m = 0, 1, ..., 13$) für die Einteilung des Frequenzbereiches entsprechend der Bark-Skala erfolgt nach [ZT80] mit

$$f_{m=0} = f_s \tag{5}$$

und

$$f_{m+1} = f_m + \Delta f * (25 + 75 * (1 + 1,4 * f_m/1000^2)^{0,69}) \tag{6}$$

bzw.

$$B_{m+1} = B * (25 + 75 * (1 + 1,4 * f_{m+1}/1000^2)^{0,69}) \tag{7}$$

wobei die von Zwicker formulierten 100-Hz-Bandbreiten der Filter im Bereich < 500 Hz nur näherungsweise eingehalten werden.

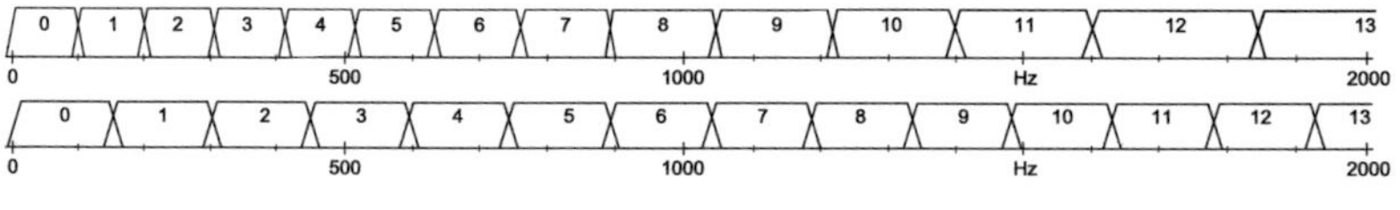

Abbildung 5: Qualitative Darstellung der ersten 14 Frequenzgruppen entsprechend Bark-Skala (oben) und mit konstanter Bandbreite (unten).

Um die Wirkung der gehörangepassten Verarbeitungen besser beurteilen zu können, sind in Abbildung 5 die Einteilungen des betrachteten Frequenzbereiches bis 2 kHz mit 14 Frequenzgruppen entsprechend Bark-Skala (oben) und mit konstanter Bandbreite (unten) dargestellt. Die Einteilung mittels Bandpassfiltern fester Bandbreite B ermöglicht über den gesamten betrachteten Frequenzbereich eine gleichmäßige Frequenzauflösung. Dieses Verhalten entspricht der Kurzzeit-DFT. Wird eine feinere Frequenzauflösung benötigt, müssen Filter geringerer Bandbreite in entsprechend größerer Anzahl zur Abdeckung des gesamten betrachteten Frequenzbereich eingesetzt werden. Dies ist vorallem dann nachteilig, wenn aus jedem Filterkanal ein Element bzw. Merkmal eines Merkmalvektors für die akustische Signalbewertung erzeugt werden soll, da so die Merkmalvektordimension und damit auch der Berechnungsaufwand steigt.

Der wesentliche Vorteil der gehörangepassten Filterung ist die feine Frequenzauflösung der tiefen Frequenzen (< 500 Hz) und die grobe Auflösung der hohen Frequenzen. Die feine Auflösung der tiefen Frequenzen ist bei der automatischen, akustischen Signalbewertung und -klassifikation von rotierenden Bauteilen besonders wichtig, da sich die Rotationsgeschwindigkeit meist deutlich im Spektrum abzeichnet und bei entsprechender Auflösung bestimmbar wird. Dies ist besonders dann wichtig, wenn das zu überwachende Bauteil mit unterschiedlichen Geschwindigkeiten agiert und sich die Signaleigenschaften mit der Geschwindigkeit derart ändern, dass verschiedene Signalmodelle verwendet werden müssen.

2.4 Störgeräuschreduktion mit spektraler Subtraktion

Häufig wird ein zu untersuchendes, akustisches Signal von einem Störsignal überlagert, so wie es in der Abbildung 6 links dargestellt ist. War dieses Störsignal in den akustischen Signalen zur Erstellung der Signalmodelle nicht vorhanden, beeinträchtigt dies die automatische Signalbewertung und es kommt zu Fehlbewertungen. Es ist deshalb das Ziel das sogenannte Nutzsignal aus dem gestörten Signal zu extrahieren. Da das Störsignal nur in seltenen Fällen bekannt ist, muss es geschätzt werden. Das geschätzte Störsignal ist die Grundlage für viele Verfahren zur Störgeräuschreduktion, die als Ergebnis eine Schätzung des ungestörten Nutzsignals liefern. Ein gebräuchliches Verfahren ist die *spektrale Subtraktion*.

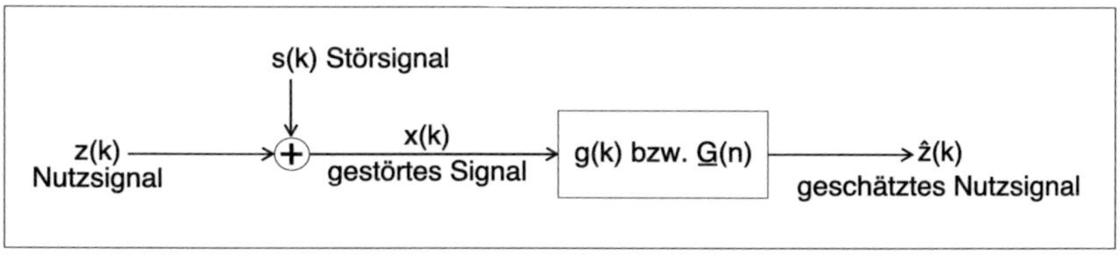

Abbildung 6: Schema der Störgeräuschreduktion.

Die spektrale Subtraktion ist in ihrer Grundidee durch Steven F. Boll in [Bol79] beschrieben. Die Herleitung der spektralen Subtraktion erfolgt von einem im Zeitbereich vorliegendem Signal aus. Voraussetzung ist die additive Überlagerung des Nutzsignals z und des Störsignals s

$$z(k) + s(k) = x(k). \tag{8}$$

Für beide Signale wird Unkorreliertheit und Stationarität gefordert. Da die Stationarität für viele Signale nur in kurzen Signalabschnitten gilt, werden diese Signale stückweise betrachtet und die Einhaltung von Unkorreliertheit und Stationarität als sogenannte Kurzzeiteigenschaften der Signale gefordert. Zur stückweisen Verarbeitung wird das gestörte Signal durch Zeitfensterung in kurze Signalabschnitte $x_p(k)$ zerlegt. Die so gewonnen Signalabschnitte können gemäß [Hof98] durch eine Kurzzeit-DFT bzw. FFT in den Frequenzbereich überführt werden. Für jeden gestörten Signalabschnitt p ergibt sich das diskrete Kurzzeitspektrum

$$\underline{X}_p(n) = \underline{Z}_p(n) + \underline{S}_p(n) \tag{9}$$

bzw. das des ungestörten Signalabschnittes zu

$$\underline{Z}_p(n) = \underline{X}_p(n) - \underline{S}_p(n)\,. \tag{10}$$

Der Zugriff auf das Störsignal $s_p(k)$ bzw. Störsignalspektrum $\underline{S}_p(n)$ ist nicht direkt möglich, weshalb es im Vorfeld geschätzt wird. Dazu werden die Kurzzeitspektren von Signalabschnitten ohne Nutzsignal gemittelt, was zu $\overline{|\underline{S}_p(n)|}$ führt. Dieses geschätzte Störsignalspektrum wird zur Schätzung des Kurzzeitspektrums des ungestr̈ten Signals herangezogen:

$$\begin{aligned}
\hat{\underline{Z}}_p(n) &= \max\left\{|\underline{X}_p(n)| - \overline{|\underline{S}_p(n)|}\,,\,0\right\} \cdot e^{j\varphi_{\underline{X}_p(n)}} \\
&= \max\left\{|\underline{X}_p(n)| - \overline{|\underline{S}_p(n)|}\,,\,0\right\} \cdot e^{j\varphi_{\underline{X}_p(n)}} \\
&= \max\left\{|\underline{X}_p(n)| \cdot \left(1 - \frac{\overline{|\underline{S}_p(n)|}}{|\underline{X}_p(n)|}\right),\,0\right\} \cdot e^{j\varphi_{\underline{X}_p(n)}} \\
&= \max\left\{1 - \frac{\overline{|\underline{S}_p(n)|}}{|\underline{X}_p(n)|}\,,\,0\right\} \cdot \underline{X}_p(n) \\
&= G_p(n) \cdot \underline{X}_p(n).
\end{aligned} \tag{11}$$

Es wird also der aktuelle Signalblock des gestörten Signals einer adaptiven Gewichtung im Spektralbereich unterzogen.

2.5 Standardisierung der Merkmale

Über die Menge aller $K \in \mathbb{N}^*$ Merkmalvektoren $\{\vec{o}^{(k)}\}$ einer (Lern-)Stichprobe (unabhängig von den Klassen) können die elementweisen Mittelwerte und Standardabweichungen berechnet werden. Als Resultat ergibt sich ein Vektor mit den gemittelten Merkmalen $\vec{o}_{mean}$ und ein Vektor mit den zugehörigen Standardabweichungen $\vec{o}_{std}$ aller gesehenen Merkmalvektoren. Während der Signalbewertung des Systems können berechnete Merkmalvektorelemente von den geschätzten Elementmittelwerten befreit und mit den invertierten Elementstandardabweichungen gewichtet werden. Durch dieses Vorgehen erhalten Merkmale mit kleiner Standardabweichung einen stärkeren Einfluss, als solche mit entsprechend großer Standardabweichung.

2.6 Reduzierung der Merkmalvektordimension

Ziel der Reduzierung der Merkmalvektordimension ist die Verringerung des Berechnungsaufwandes der statistischen Modellparameter. Die Reduzierung wird nach der Berechnung der primären Merkmalvektor(folg)en durchgeführt. Dazu bestimmt man Transformationsmatrizen und verrechnet diese mit den Merkmalvektoren. Die gewichteten Merkmalvektor(folg)en enthalten daraufhin die für den Klassifikationsvorgang relevanten Merkmale nach geschätzter Bedeutung in absteigender Reihenfolge. Die Beurteilung, welche Merkmale von Bedeutung sind, kann sehr grob über die Betrachtung der elementweisen Standardabweichung einer Lernstichprobe erfolgen. Diese Behauptung folgt der Überlegung, dass die Standardabweichung des betrachteten Merkmals aus allen Lernstichprobenelementen und somit aus Realisierungen aller Erkennungsklassen bestimmt wird. Eine sehr geringe Standardabweichung zeugt damit von einer sehr geringen Varianz des Merkmals zwischen den verschiedenen Erkennungsklassen.

Besteht die Lernstichprobe nur aus Realisierungen einer einzigen Erkennungsklasse, kehren sich die Verhältnisse um. Es ist das Merkmal zu wählen, welches die geringste Standardabweichung besitzt, denn dieses Merkmal ist damit für die Klasse sehr markant.

Um die Anzahl der tatsächlich für die Klassifikationsaufgabe relevanten Merkmale zuverlässiger zu reduzieren, wird auf die primären Merkmale (einschließlich der Delta- und Delta-Delta-Merkmale) eine Hauptkomponentenanalyse angewandt.

2.6.1 Eigenwert und Eigenvektor

Gegeben sei eine Matrix **A** und ein Vektor $\vec{e}$ mit $\vec{e} \neq \vec{0}$. Führt die Multiplikation $\mathbf{A} \cdot \vec{e}$ zu einem Vektor $\lambda \cdot \vec{e}$, so wird der Vektor $\vec{e}$ *Eigenvektor* und λ *Eigenwert* der Matrix **A** genannt. Es ist ersichtlich, dass die Matrix **A** eine quadratische Matrix sein muss und durch die Multiplikation jediglich die Länge, nicht aber die Richtung (ausgenommen die entgegengesetzte Richtung bei negativem Eigenwert) des Vektors verändert wird.

Die Bestimmung der zur Matrix **A** gehörenden Eigenvektoren und -werte erfolgt durch Umformulierung der oben beschriebenen Gleichung zu

$$(\mathbf{A} - \lambda \cdot \mathbf{E}) \cdot \vec{e} = 0 \tag{12}$$

mit **E** als Einheitsmatrix. Da für den Vektor $\vec{e}$ die Forderung $\vec{e} \neq \vec{0}$ besteht, ist die Gleichung genau dann gültig, wenn die Determinate des in Klammern befindlichen Ausdrucks gleich Null ist

$$\det(\mathbf{A} - \lambda \cdot \mathbf{E}) = 0. \tag{13}$$

Die Lösung dieser Gleichung führt über das sogenannte *charakteristische Polynom* von **A** zu den gesuchten Eigenwerten λ. Durch das Einsetzen der verschiedenen Eigenwerte in das Gleichungssystem 12 werden die zugehörigen Eigenvektoren $\vec{e}$ bestimmt.

Beispiel

Gegeben sei die Matrix

$$\mathbf{A} = \begin{pmatrix} 1 & 4 & -2 \\ 1 & -1 & -1 \\ -1 & 2 & 2 \end{pmatrix}. \tag{14}$$

Die Berechnung der Determinante

$$\begin{aligned} \det(\mathbf{A} - \lambda \cdot \mathbf{E}) &= \begin{vmatrix} 1-\lambda & 4 & -2 \\ 1 & -1-\lambda & -1 \\ -1 & 2 & 2-\lambda \end{vmatrix} \\ &= -\lambda^3 + 2\lambda^2 + 5\lambda - 6 \\ &= -(\lambda - 1)(\lambda + 2)(\lambda - 3) \end{aligned} \tag{15}$$

ergibt die Eigenwerte $\lambda_1 = 1$, $\lambda_2 = -2$ und $\lambda_3 = 3$ als Nullstellen des charakteristischen Polynoms. Die zugehörigen Eigenvektoren ergeben sich zu $\vec{e}_1 = (4,1,2)^T$, $\vec{e}_2 = (2,-1,1)^T$ und $\vec{e}_3 = (3,1,-1)^T$.

2.6.2 Hauptachsentransformation

Die Hauptachsentransformation ist ein Verfahren, um redundante Daten und Muster in N-dimensionalen Datensätzen mit $N \in \mathbb{N}^*$ und $N > 1$ aufzufinden. Infolge redundanter Daten ist die Beschreibung der eigentlichen Information auch mit einer geringeren Merkmaldimension möglich. Die Idee ist es nun, auf einer Lernstichprobe für alle $K \in \mathbb{N}^*$ Merkmalvektoren $\{\vec{o}^{(k)}\}$ elementweise die Mittelwerte zu berechnen und den resultierenden Mittelwertvektor, dazu zu nutzen, alle Merkmalvektoren elementweise von den Elementmittelwerten zu befreien. Die so transformierten Merkmalvektoren dienen der Berechnung der Merkmalkovarianzmatrix. Für diese werden die Eigenwerte λ_n und Eigenvektoren $\vec{e}_n$ mit $n = 1,2,\ldots,N$ berechnet. Die Eigenwerte werden in absteigender Reihenfolge sortiert und die Indizes der Eigenwerte und Eigenvektoren angepasst. Der zum ersten Eigenwert gehörende Eigenvektor ist in Anlehnung an die Hauptkomponentenanalyse (engl. *principal component analysis* bzw. *PCA*) die gesuchte erste Hauptkomponente aller Merkmalvektoren der Lernstichprobe. Der zum zweiten Eigenwert gehörende Eigenvektor ist die zweite Hauptkomponente aller Merkmalvektoren der Lernstichprobe und so weiter. Sind alle Eigenvektoren entsprechend ihrer Eigenwerte geordnet, wird aus den neu indizierten Eigenvektoren die Transformationsmatrix **W** erstellt:

$$\mathbf{W} = (\vec{e}_1\, \vec{e}_2 \ldots \vec{e}_N). \tag{16}$$

Die transponierte Transformationsmatrix $\mathbf{W}^T$ kann von links an die mittelwertbefreiten Merkmalvektoren $\{\vec{o}^{(p)}\}$ multipliziert werden. Da die Eigenvektoren orthogonal zueinander sind, bewirkt die Multiplikation eine Drehung des originalen Merkmalraums und es entsteht quasi ein neues Koordinatensystem mit den Eigenvektoren als Achsen. Der transformierte Merkmalraum besitzt noch immer die Dimension $N \in \mathbb{N}^*$, $N > 1$ des originalen Merkmalraums.

Die Dimensionsreduktion des Merkmalraums kann durch die Löschung der wenig signifikaten Eigenvektoren erfolgen. Ihre Bestimmung wird mittels der Eigenwerte vorgenommen. Dies kann z. B. durch den von [Cat66] eingeführten *Scree-Plot* vorgenommen werden. Dazu werden die sortierten Eigenwerte grafisch verbunden dargestellt und die Stelle aufgesucht, an der die Kurve einen deutlichen Knick aufweist. Die Hauptkomponenten ab dem Knick werden eliminiert. Verfahrensbedingt kommt es hierbei selten zu eindeutigen Aussagen, aber zur Abschätzung ist dieses Verfahren sehr gut geeignet. Generell ist es durch dieses Vorgehen schwierig, die Hauptkomponenten bzgl. der Zuordung zu den originalen Merkmalen zu interpretieren.

Kapitel 3

Akustische Vektor(folgen)klassifikation

3.1 Support-Vektoren-Maschine

Der lineare Vektorklassifikationsansatz *Support-Vektoren-Maschine* (auch Stützvektorenmethode oder engl. *Support Vector Machine* bzw. SVM) kann die optimale Trennhyperebene für Merkmalvektoren der klassifizierten Lernstichprobe eines Zweiklassenproblems bestimmen, von dem vorerst ausgegangen wird. Als Ergebnis entsteht eine Trennfunktion, die die Elemente der Lernstichprobe bezüglich eines festgelegten Kriteriums optimal in die beiden Klassen einteilt. Dazu müssen alle zu trennenden Elemente als Merkmalvektoren gleicher Dimension $N \in \mathbb{N}^*$ beschrieben vorliegen. Zur Anwendung des SVM Ansatzes für die Vektorfolgenklassifikation wird von allen Folgen der Lernstichprobe die gleich Länge erwartet, damit aus jeder Merkmalvektorfolge $\vec{o}$ ein einziger *Supervektor* $\vec{v}$ erzeugt werden kann und im Ergebnis alle Supervektoren eine identische Dimension aufweisen. Dazu werden die Merkmalvektoren $\vec{o}_j \in \mathbb{R}^N$ mit $j = 1, 2, \ldots, J$ der Folge zu einem Vektor

$$\vec{v} = (o_{1,1} \ldots o_{1,N}\, o_{2,1} \ldots o_{2,N} \ldots o_{j,1} \ldots o_{j,N} \ldots o_{J,1} \ldots o_{J,N})^T \tag{17}$$

mit $\vec{v} \in \mathbb{R}^{N \cdot J}$ zusammengefasst.

Da es für die weitere Beschreibung des SVM-Ansatzes ohne Bedeutung ist, welche Dimension die betrachteten Merkmalvektoren besitzen, werden die Supervektoren $\vec{v}$ wieder den Merkmalvektoren $\vec{o}$ gleichgesetzt. Damit läßt sich folgend sowohl die Vektorfolgenklassifikation als auch die Vektorklassifikation einheitlich mit Merkmalvektoren $\vec{o}$ beschreiben.

Wird von einer linear separierbaren, klassifizierten Lernstichprobe $\{(\vec{o}^{(k)}, c^{(k)})\}$ mit $K \in \mathbb{N}^*$ und zwei Klassen $c \in \{-1, +1\}$ ausgegangen, gibt es eine Trenn(hyper)ebene, die die Trennung der beiden Klassengebiete vornimmt. Die Trennebene wird so bestimmt, dass der Abstand zu den am nahesten liegenden Merkmalvektoren aus beiden Klassen maximal wird. Dieser kleinste Abstand der Lernstichprobenelemente von der Trennfunktion wird *Rand* (engl. *margin*) γ genannt und die Vektoren auf dem Rand *Supportvektoren*. Da die Trennebene zwischen den Supportvektoren beider Klassen liegen muss, definieren diese die Lage der Trennebene im Merkmalraum.

Die mathematische Beschreibung der Trennebene läßt sich aus der Voraussetzung ableiten, dass die SVM zur Klasse der Linearklassifikatoren zählt und damit Unterscheidungsfunktionen für die verschiedenen Klassen $c \in C$ der Form

$$d_c(\vec{o}) = w_{c,0} + w_{c,1} o_1 + w_{c,2} o_2 + \cdots + w_{c,N} o_N = \vec{w}_c^{\,T} \vec{o} + w_{c0} \tag{18}$$

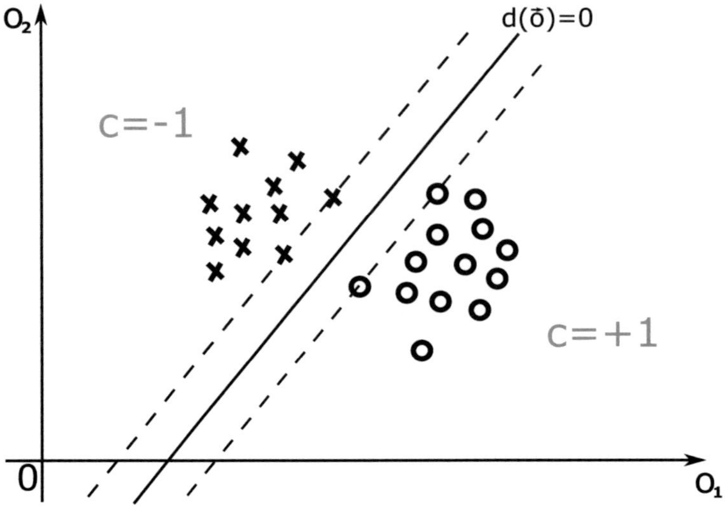

Abbildung 7: Zweidimensionaler Merkmalraum mit Elementen zweier Klassen und der Trennebene $d(\vec{o}) = 0$. Elemente auf den gestrichelten Geraden sind die Supportvektoren der Klassen.

besitzt. $\vec{w}_c$ bezeichnet den Parametervektor der linearen Funktion für die Klasse c und w_{c0} eine klassenabhängige, feste Verschiebung. Wird vom Zweiklassenproblem mit den Klassenbezeichnern $c = -1$ und $c = +1$ ausgegangen, ist es nicht notwendig für beide Klassen jeweils unterschiedliche Unterscheidungsfunktionen $d_{-1}(\vec{o})$ und $d_{+1}(\vec{o})$ zu benutzen. Vielmehr kann durch Gleichsetzen beider Funktionen und Umstellung eine Unterscheidungsfunktion $d(\vec{o}) = d_{-1}(\vec{o}) - d_{+1}(\vec{o})$ zur Unterscheidung beider Klassen definiert werden. Für $d(\vec{o}) = 0$ ergibt sich die gesuchte Trennhyperebene bzw. Trennfunktion. Liefert die Unterscheidungsfunktion für einen Merkmalvektor $\vec{o}$ einen Wert $d(\vec{o}) < 0$, so wird $\vec{o}$ der Klasse $c = -1$ und für $d(\vec{o}) > 0$ der Klasse $c = +1$ zugeordnet.

Die Bestimmung des Parametervektors $\vec{w}$ und der Verschiebung w_0 der Trennfunktion $d(\vec{o}) = \vec{w}^T \vec{o} + w_0$ kann auf der linear separierbaren, klassifizierten Lernstichprobe $\{(\vec{o}^{(k)}, c^{(k)})\}$ erfolgen. Da aber bei vielen Zweiklassenproblemen die Voraussetzung der linearen Separierbarkeit der Lernstichprobe durch *Ausreißer* nicht gegeben ist, wäre der Einsatz der bisher betrachteten Hard-Margin-SVM sehr eingeschränkt. Weil aber nur die Ausreißer die lineare Separierbarkeit verhindern, wird akzeptiert, dass die Ausreißer falsch klassifiziert werden und die sogenannte *Soft-Margin-SVM* [CV95] definiert. Unter entsprechender *Bestrafung* der Ausreißer wird so die lineare Separierbarkeit der beiden Hauptklassengebiete der Lernstichprobe erreicht. Es ergeben sich für die Bestimmung der Parameter der Trennfunktion zwei Probleme

- Maximierung des Randes
- Minimierung der falsch klassifizierten Elemente.

Die Maximierung des Randes γ setzt die geometrische Interpretation des Abstandsbegriffes voraus. Der geometrische Abstand ist die Länge $\gamma_{\vec{o}}$ der Projektion eines Merkmalvektors $\vec{o}$ auf die Trennfunktion $d(\vec{o}) = 0$. Die Projektion erfolgt senkrecht auf die Trennfunktion und verläuft damit in (Klasse -1) bzw. entgegen (Klasse $+1$) der Richtung des Parametervektors $\vec{w}$ der Trennfunktion. Wird die Länge des Parametervektors $\|\vec{w}\|$ mit dem geometrischen Abstand $\gamma_{\vec{o}}$ gewichtet, entspricht dies $|d(\vec{o})|$ [Wol11]. Zur Eliminierung der Betragsbildung kann $d(\vec{o})$ mit der Klassenzugehörigkeit $c_{\vec{o}}$ des Merkmalvektors gewichtet werden. Damit ergibt sich automatisch $c_{\vec{o}} \cdot d(\vec{o}) \geq 0$, und es gilt

$$c_{\vec{o}} \cdot d(\vec{o}) = \|\vec{w}\| \cdot \gamma_{\vec{o}} \,. \tag{19}$$

Diese Berechnung wird für alle Lernstichprobenelemente k durchgeführt und der kleinste Wert bestimmt:

$$\min_p \left[c^{(k)} \cdot d(\vec{o}^{(k)})\right] = \min_p \left[\|\vec{w}\| \cdot \gamma^{(k)}\right] = \|\vec{w}\| \cdot \min_p \left[\gamma^{(k)}\right] = \|\vec{w}\| \cdot \gamma. \tag{20}$$

Die Maximierung des Randes γ erfordert somit

$$\gamma = \frac{\min_p \left[c^{(k)} \cdot d(\vec{o}^{(k)})\right]}{\|\vec{w}\|} \to \mathrm{Max}(\vec{w}, w_0) \,. \tag{21}$$

Zur besseren Lösbarkeit dieses Optimierungsproblems wird gefordert, dass

$$\min_p \left[c^{(k)} \cdot d(\vec{o}^{(k)})\right] = 1 \quad \text{bzw.} \quad c^{(k)} \cdot d(\vec{o}^{(k)}) \geq 1 \text{ für } \forall k \tag{22}$$

gelte und damit die Minimierung $\|\vec{w}\| \to \mathrm{Min}(\vec{w}, w_0)$ die Maximierung des Randes γ bewirkt. Die Minimierung wird gleichbedeutend mit $\frac{1}{2}\|\vec{w}\|^2 \to \mathrm{Min}(\vec{w}, w_0)$ durchgeführt, da dies in der Optimierung zu einem einfacheren Lösungsweg führt.

Die Bedingung $c^{(k)} \cdot d(\vec{o}^{(k)}) \geq 1$ für $\forall k$ kann von den Ausreißern nur dann erfüllt werden, wenn die sogenannten Randschlupfvariablen [Wol11] bzw. Strafvariablen

$$\xi^{(k)} = \begin{cases} 0 & : \; c^{(k)} \cdot d(\vec{o}^{(k)}) \geq 1 \\ 1 - c^{(k)} \cdot d(\vec{o}^{(k)}) & : \; \text{sonst} \end{cases} \tag{23}$$

eingeführt werden und sich

$$\min_p \left[c^{(k)} \cdot d(\vec{o}^{(k)}) + \xi^{(k)}\right] = 1 \quad \text{bzw.} \quad c^{(k)} \cdot d(\vec{o}^{(k)}) + \xi^{(k)} \geq 1 \text{ für } \forall k \tag{24}$$

ergibt. Die Maximierung des Randes γ erfolgt durch Minimierung von

$$\frac{1}{2}\|\vec{w}\|^2 + L \cdot \left(\sum_{k=1}^{K} \xi^{(k)}\right)^2 \to \mathrm{Min}(\vec{w}, w_0, \xi^{(k)}) \tag{25}$$

unter der Nebenbedingung $c^{(k)} \cdot d(\vec{o}^{(k)}) + \xi^{(k)} \geq 1$ für $\forall k$. Die Konstante L wichtet den Einfluss der Ausreißer der Lernstichprobe, der sich aus der quadratischen Summe über die Strafvariablen einstellt. Infolge der Quadrierung ergibt sich nach der Lösung des Optimierungsproblem die sogenannte *L2-Soft-Margin-SVM*. Die Lösung des Optimierungsproblems mit Nebenbedingung wird mittels LAGRANGE-Funktionen und konvexer Optimierung durchgeführt und ist ausführlich in [Wol11] beschrieben. Die interessierenden Ergebnisse der Optimierung aus [Wol11] sind der optimale Parametervektor $\vec{w}^*$ und die optimale Verschiebung w_0^* der Trennfunktion

$$d(\vec{o}) = \vec{w}^{*T} \vec{o} + w_0^* = \sum_{k \in SV} \alpha^{*(k)} c^{(k)} \langle \vec{o}^{(k)}, \vec{o} \rangle + w_0^* \tag{26}$$

mit

$$\vec{w}^* = \sum_{k \in SV} \alpha^{*(k)} c^{(k)} \vec{o}^{(k)} \tag{27}$$

$$w_0^* = -\frac{1}{2} \vec{w}^{*T} \left(\vec{o}^{(j)} + \vec{o}^{(i)} \right) + \frac{1}{C} \left(\alpha^{(j)} - \alpha^{(i)} \right) \tag{28}$$

und der Menge der Supportvektoren $SV = \left\{ \vec{o}^{(k)} : \alpha^{*(k)} > 0 \right\}$, den optimierten LAGRANGE-Multiplikatoren $\alpha^{*(k)}$ als Lernkonstanten nach [Wol11] und je ein beliebiger Supportvektor $\vec{o}^{(j)} \in SV_{-1}$ der Klasse $c = -1$ bzw. $\vec{o}^{(i)} \in SV_{+1}$ der Klasse $c = +1$. Mit diesen Gleichungen und einer klassifizierten Lernstichprobe kann die Berechnung der gesuchten Trennfunktion vorgenommen werden. Die hier nicht weiter betrachteten $\alpha^{*(k)}$ werden in der Lernphase bestimmt. Besonders ist dabei, dass Merkmalvektoren nur als Skalarprodukte wie z. B. $\langle \vec{o}^{(k)}, \vec{o} \rangle$ in Gleichung 26 auftreten. Damit sind quasi alle Berechnungen, bis auf die Bildung der Skalarprodukte selbst, unabhängig von der Dimension der Merkmalvektoren. Dies rechtfertig aus rechentechnischer Sicht auch die eingangs eingeführte Vereinfachung, Merkmalvektorfolgen in Supermerkmalvektoren zu transformieren.

Viele Klassifikationsprobleme sind, unabhängig von Ausreißern, in ihren Merkmalräumen nicht linear separierbar. Würde eine Transformation der Merkmalvektoren $\vec{f}(\vec{o})$ in den höherdimensionalen Hilfsvektorraum erfolgen, so könnte dort eine lineare Trennhyperebene der im originalen Merkmalraum nicht linear separierbaren Merkmale existieren. Diese Trennhyperebene besitzt im originalen Merkmalraum eine nichtlineare Trennfunktion. Für die angestrebte lineare Separierbarkeit ist es deshalb notwendig, eine entsprechende Transformation durchzuführen, die allerdings sehr rechenintensiv ist.

Die Merkmalvektoren treten in Gleichung 26 nur als Skalarprodukte auf. Die Überführung in den Hilfsraum ergibt $\langle \vec{f}(\vec{o}^{(k)}), \vec{f}(\vec{o}) \rangle$. Das Ergebnis ist ein Skalar. Um die Transformation in den höherdimensionalen Hilfsvektorraum zu umgehen, können (nicht) lineare *Kernfunktionen* (engl. *kernel functions*) $K(\vec{o}^{(k)}, \vec{o}^{(q)})$ eingesetzt werden. Diese nutzen das Auftreten der Merkmalvektoren als Skalarprodukte in Lern- und Kannphase aus und liefern als Ergebnis nur einen skalaren Wert, der aus zwei angebotenen Merkmalvektoren berechnet wird und repräsentativ für beide Merkmalvektoren sein soll. Die eigentliche Transformation wird nicht durchgeführt. Die Wahl der Kernfunktion ist problemabhängig zu treffen. Es ist notwendig, die gewählte Kernfunktion sowohl in der Lernphase, als auch Kannphase anzuwenden.

Ein-Klassen-SVM

Mit Hilfe der Kernfunktionen kann ausgehend vom bisher vorausgesetzten Zwei-Klassen-Problem eine einfache Formulierung der Lösung des benötigten Ein-Klassen-Problems gefunden werden. Ausgangspunkt sei eine radiale Basisfunktion (RBF) in Ausprägung als GAUSSfunktion

$$K(\vec{o}^{(k)},\vec{o}^{(q)}) = e^{-\gamma\cdot\|\vec{o}^{(k)}-\vec{o}^{(q)}\|^2} \qquad \text{mit} \quad \gamma > 0\,. \tag{29}$$

Es ist ersichtlich, dass der Wert der Kernfunktion nur vom Abstand der beiden Merkmalvektoren $\vec{o}^{(k)}$ und $\vec{o}^{(q)}$ sowie von der Spannweite γ abhängt.

Gibt es in der Lernstichprobe nur Elemente einer Klasse, so muss eine Trennfunktion bestimmt werden, die diese Elemente von Elementen mit anderen Merkmalen abtrennt. Dazu ist es gebräuchlich die Kernfunktionen zu benutzen, um im höherdimensionalen Merkmalraum die notwendige Trennhyperebene zu bestimmen. Die Trennhyperebene wird meist in Form einer Kugel berechnet [URJ03], auf deren Hülle die Merkmalvektoren der Lernstichprobe der einen vorhandenen Klasse liegen sollen. Ihr Ursprung entspricht dem Ursprung des Merkmalraums. Die Hyperkugel selbst soll zur Beschreibung der Lernstichprobe und damit des Klassengebietes dienen. Die Abbildung 8 schematisiert den Ansatz für den zweidimensionalen Fall und zeigt außerdem die Konstruktion der notwendigen Trennebene ($d(\vec{o}) = 0$), die durch die beiden äußersten Elemente bestimmt wird.

In der Lernstichprobe kann es Ausreißer geben. Ein solcher Ausreißer ist in Abbildung 8 mit x markiert. Würde die Trennebene mit diesem Element formuliert werden, so würde das Klassengebiet auf dem Kreis sehr breit werden und eine robuste Erkennung anderer Ausreißer unmöglich werden. Da das mit x markierte Element in der Lernstichprobe vorkommt, wird es natürlich als Element der einen vorhandenen Klasse betrachtet. Die Bestimmung der Trennebene verfolgt deshalb das Ziel, den Abstand $\rho/||\vec{w}||$ zwischen Ursprung der Hyperkugel und der Trennebene zu maximieren und dabei die Anzahl der Ausreißer gering zu halten. Dazu werden wieder die Randschlupfvariablen $\xi^{(k)}$ für jedes Element der Lernstichprobe eingeführt. Für die Optimierungsaufgabe ergibt sich

$$\frac{1}{2}\|\vec{w}\|^2 + L\cdot\left(\sum_{k=1}^{K}\xi^{(k)}\right)^2 \rightarrow \mathrm{Min}(\vec{w},w_0,\xi^{(k)}) \tag{30}$$

unter der Nebenbedingung $c^{(k)}\cdot d(\vec{o}^{(k)}) \geq \rho - \xi^{(k)}$ für $\forall k$. Mit der Konstanten L kann der Einfluss von Ausreißern gewichtet werden. Die Lösung des Optimierungsproblems mit Nebenbedingung wird erneut mittels LAGRANGE-Funktionen und konvexer Optimierung durchgeführt.

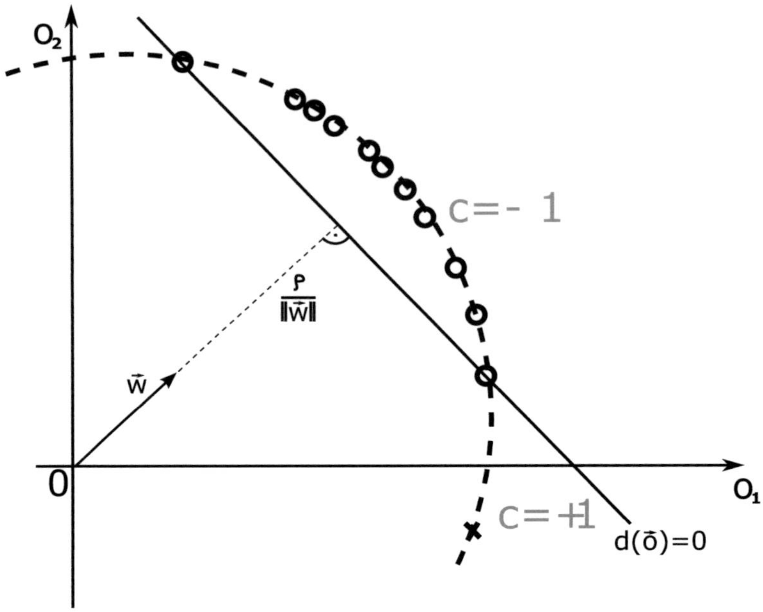

Abbildung 8: Zweidimensionaler Merkmalraum mit Elementen einer Klasse, die mittels Kernfunktion auf einen Kreis abgebildet wurden (nach [URJ03]). Die Trennebene $d(\vec{o}) = 0$ wird hier durch die äussersten Elemente (Supportvektoren) definiert. Das mit x gekennzeichnete Element stellt einen Ausreißer dar, der falsch klassifiziert wird.

Der Vorteil des SVM-Ansatzes ist die gute Beschreibbarkeit des Verfahrens und die Steuerung der erlaubten Fehlklassifikation. Da diese nur mittels der Lernstichprobe gesteuert wird, ist aber eine genaue Festlegung schwierig. Ein weiterer Nachteil ist der notwendige Rechenaufwand, der zwar durch die Kernfunktionen verringert wird, aber die Festlegung des zweckmäßigsten Types für jedes Klassifikationsproblem voraussetzt. Hinzu kommt die Notwendigkeit, dass bei Verwendung von Merkmalvektorfolgen eine feste Anzahl von Merkmalvektoren für Lern- und Kannphase notwendig ist. Dies schränkt die allgemeine Anwendbarkeit des Verfahrens für Vektorfolgenklassifikation ein. Aus diesem Grund wird die Ein-Klassen-SVM nicht weiter betrachtet und stattdessen die statistische Vektorfolgenklassifikation bevorzugt.

3.2 Statistische Vektorklassifikation mit GM-Modellen

Die Betrachtungen bei der SVM gehen von Klassengebieten $c \in C$ im Merkmalraum aus, in denen sich die klassenabhängigen Merkmalvektoren $\{(\vec{o}, c)\}$ mit $\vec{o} \in \mathbb{O}$ im Kern ihres zugehörigen Klassengebietes ballen und am Klassenrand nur wenige zu finden sind. Die Merkmalvektoren, und somit auch die durch sie repräsentierten Elemente, unterliegen einer statistischen Verteilung im Merkmalraum. Unter der Voraussetzung eines kontinuierlichen Merkmalraumes und mehreren Klassen können durch bedingte Wahrscheinlichkeitsdichtefunktionen der Form $p(\vec{o}|c)$ Aussagen getroffen werden, mit welcher Wahrscheinlichkeit ein Merkmalvektor $\vec{o}$ im Klassengebiet der Klasse c auftritt. Diese Überlegung wird vom BAYES-Klassifikator aufgegriffen.

Für die Formulierung des BAYES-Klassifikators sind die Wahrscheinlichkeiten $P(c)$ für die Klassen $c \in C$ einzuführen und es ist davon auszugehen, dass die Klassifikation bzw. Signalbewertung für einen vorliegenden Merkmalvektor $\vec{o}$ durchgeführt wird. Für jede Klasse ist die A-posteriori-Wahrscheinlichkeit $P(c|\vec{o})$ zu berechnen, die angibt, mit welcher Wahrscheinlichkeit der Merkmalvektor $\vec{o}$ zur Klasse c gehört. Da kein direkter Zugriff auf die genannten Wahrscheinlichkeiten bzw. Wahrscheinlichkeitsdichten besteht, müssen diese aus einer klassifizierten Lernstichprobe bestimmt werden. Mittels dieser ist es aber nur möglich, die bedingten Wahrscheinlichkeitsdichtefunktionen $p(\vec{o}|c)$ für alle $c \in C$ zu schätzen. Die Berechnung der gesuchten A-posteriori-Wahrscheinlichkeit $P(c|\vec{o})$ ergibt sich aus der BAYES-Formel mittels der Verbundwahrscheinlichkeit

$$P(\vec{o},c) = p(\vec{o}|c)\cdot P(c) = P(c|\vec{o})\cdot p(\vec{o}) \tag{31}$$

zu

$$P(c|\vec{o}) = \frac{p(\vec{o}|c)\cdot P(c)}{p(\vec{o})}. \tag{32}$$

Daraus lässt sich der BAYES-Klassifikator formulieren, der im Ergebnis die Klasse $s \in C$ liefert, für die die Gleichung 32 den größten Wert annimmt:

$$s = \arg\max_{c \in C} \frac{p(\vec{o}|c)\cdot P(c)}{p(\vec{o})}. \tag{33}$$

Da $p(\vec{o})$ zu allen betrachteten Klassen den gleichen Beitrag leistet, kann die Gleichung 33 zu

$$s = \arg\max_{c \in C} p(\vec{o}|c)\cdot P(c) \tag{34}$$

vereinfacht werden. Lassen sich die Klassenwahrscheinlichkeiten $P(c)$ nicht bestimmen, so kann eine Gleichverteilung der Klassen angenommen werden, wobei $P(c) = \frac{1}{C} = \text{konst.}$ in Gleichung 34 zu allen Klassen den gleichen Beitrag liefert und damit weggelassen werden kann. Der sich daraus ergebende Klassifikator

$$s = \arg\max_{c \in C} p(\vec{o}|c) \tag{35}$$

wird *Maximum-Likelihood-Klassifikator* [Wol11] genannt, da die Summe

$$\sum_{c \in C} p(\vec{o}|c) \tag{36}$$

nicht 1 liefert und somit kein Wahrscheinlichkeitsmaß vorliegt.

Beim untersuchten Ein-Klassen-Ansatz gibt es nur eine Klasse $C = 1$ und demzufolge muss für die Klassenwahrscheinlichkeit $P(C) = 1$ gelten. Da bei nur einer Klasse nicht mehr von Klassifikation gesprochen werden kann, wird stattdessen der Begriff *Bewertung* verwendet. Um die allgemeinen Betrachtungen weiter durchführen zu können, wird vorerst weiterhin von $C > 1$ ausgegangen. Die Bestimmung der Klassenwahrscheinlichkeiten wird praktisch nicht möglich sein. Aus diesem Grund beziehen sich die weiteren Betrachtungen auf den Maximum-Likelihood-Ansatz.

GAUSSsche Mischverteilungsdichtefunktionen

Die Wahl der bedingten Wahrscheinlichkeitsdichtefunktionen $p(\vec{o}|c)$ ist wichtig für die statistische Beschreibung der Klassengebiete $c \in C$ im N-dimensionalen Merkmalraum. Nur in seltenen Fällen kann dabei von normalverteilten Merkmalen ausgegangen werden, weshalb einfache Normalverteilungsdichtefunktionen nicht benutzt werden sollten. Um dennoch ihre gute mathematische Handhabbarkeit zu nutzen, erfolgt eine Näherung der Klassengebiete mittels $M \in \mathbb{N}^*$ überlagerter Normalverteilungsdichtefunktionen:

$$p(\vec{o}|G_c) = \sum_{m=1}^{M_c} \frac{1}{(2\pi)^{\frac{N}{2}} |\Sigma_{c,m}|^{\frac{1}{2}}} e^{-\frac{1}{2}(\vec{o}-\vec{\mu}_{c,m})^T \Sigma_{c,m}^{-1} (\vec{o}-\vec{\mu}_{c,m})} \tag{37}$$

mit $\vec{\mu}_{c,m}$ als Mittelwertvektor der m-ten Normalverteilungsdichtefunktion der Klasse c und $\Sigma_{c,m}$ der entsprechenden Kovarianzmatrix. Zur Erfüllung der stochastischen Randbedingung müssen nach [Wol11] Mischungsgewichte $\lambda_{c,m}$ eingeführt werden, für die

$$\sum_{m=1}^{M} \lambda_{c,m} = 1 \tag{38}$$

gelten muss. Es ergibt sich die GAUSS*sche Mischverteilungsfunktion* mit N-dimensionalen Normalverteilungsdichtefunktionen

$$p(\vec{o}|G_c) = \sum_{m=1}^{M_c} \frac{\lambda_{c,m}}{(2\pi)^{\frac{N}{2}} |\Sigma_{c,m}|^{\frac{1}{2}}} e^{-\frac{1}{2}(\vec{o}-\vec{\mu}_{c,m})^T \Sigma_{c,m}^{-1} (\vec{o}-\vec{\mu}_{c,m})}, \tag{39}$$

die unter dem englischsprachigen Begriff *Gaussian Mixture Model* etabliert ist und abgekürzt als GM-Modell oder kurz GMM bezeichnet wird. Die Bezeichnung Modell ist hierbei sehr treffend, da die Parameter $\lambda_{c,m}$, $\Sigma_{c,m}$ und $\vec{\mu}_{c,m}$ jeder einzelnen Normalverteilung m für jede Klasse c bestimmt werden und so die Klasse c modellieren.

Zur Durchführung einer Klassifikation ist die Gleichung 39 in 35 oder 34 einzusetzen und es ergibt sich ein GMM-Klassifikator. Die noch notwendigen Parameter G_c sind klassenabhängig für eine klassifizierte Lernstichprobe zu bestimmen.

Neg-Log-Likelihood-Funktion

Der Ein-Klassen-Ansatz muss auf die Betrachtung mehrerer Klassen verzichten. Es stellt sich direkt die Frage nach der Bestimmung der Modellparameter

$$G = \{\lambda_1, \ldots, \lambda_M, \Sigma_1, \ldots, \Sigma_M, \vec{\mu}_1, \ldots, \vec{\mu}_M\} \tag{40}$$

der bedingten Wahrscheinlichkeitsdichtefunktion $p(\vec{o}|G)$. Diese können nur aus einer $K{\in}\mathbb{N}^*$-elementigen Lernstichprobe mit Elementen der zu untersuchenden Klasse geschätzt werden. Nach [Wol11] verfolgt die Schätzung dabei das Ziel, die Verbundwahrscheinlichkeitsdichte

$$p(\vec{o}^{(1)},\vec{o}^{(2)},\ldots,\vec{o}^{(K)}|G) = \prod_{k=1}^{K} p(\vec{o}^{(k)}|G) \rightarrow \mathrm{Max}(G)! \tag{41}$$

der statistisch unabhängig angenommenen Lernstichprobenelemente mittels Variation von G zu maximieren. Die so bestimmten Modellparameter G^* werden als die angesehen, die das durch die Elemente der Lernstichprobe gegebene Klassengebiet *sehr wahrscheinlich am besten* beschreiben. Diese Annahme erklärt die gebräuchliche Verwendung des englischen Begriffs *Likelihood*-Funktion und die Verwendung von

$$\mathrm{L}(G|\vec{o}^{(1)},\ldots,\vec{o}^{(K)}) = \prod_{k=1}^{K} p(\vec{o}^{(k)}|G) \tag{42}$$

für das Produkt in Gleichung 41. Um die weitere Berechnung zu vereinfachen, wird von Gleichung 42 der natürlichen Logarithmus gebildet

$$\mathrm{LL}(G|\vec{o}^{(1)},\ldots,\vec{o}^{(K)}) = \ln\left(\prod_{k=1}^{K} p(\vec{o}^{(k)}|G)\right) = \sum_{k=1}^{K} \ln\left(p(\vec{o}^{(k)}|G)\right). \tag{43}$$

Wird dieser zusätzlich negiert

$$\mathrm{nLL}(G|\vec{o}^{(1)},\ldots,\vec{o}^{(K)}) = -\sum_{k=1}^{K} \ln\left(p(\vec{o}^{(k)}|G)\right), \tag{44}$$

entsteht die *negative logarithmic likelihood*-Funktion, deren Wert kurz nLLbezeichnet wird. Soll diese Funktion in der Gleichung 35 des Maximum-Likelihood-Klassifikators verwendet werden, so ist die Max-Funktion mit der Min-Funktion zu ersetzen. Entsprechendes gilt auch für die Schätzung von G^*

$$\mathrm{nLL}(G|\vec{o}^{(1)},\ldots,\vec{o}^{(K)}) = -\sum_{k=1}^{K} \ln\left(p(\vec{o}^{(k)}|G)\right) \rightarrow \mathrm{Min}(G)! \tag{45}$$

die dem in [Wol11] beschriebenen iterativen EM-Algorithmus (*Erwartungswertmaximierung*) folgt.

Parameterschätzung

Ausgangspunkt ist eine $K{\in}\mathbb{N}^*$-elementige Lernstichprobe mit Signalinstanzen einer Klasse, ein GMM nach Gleichung 39 mit $M{\in}\mathbb{N}^*$ überlagerten Normalverteilungsdichtefunktionen und die Gleichung

$$\mathrm{LL}(G|\vec{o}^{(1)},\ldots,\vec{o}^{(K)}) = \sum_{k=1}^{K} \ln\left(p(\vec{o}^{(k)}|G)\right) \rightarrow \mathrm{Max}(G)!, \tag{46}$$

deren Wert durch die Variation von G iterativ bezüglich des Optimierungskriteriums verbessert wird und so zur Lösung G^* führt, wobei nicht zwangsläufig das globale Maximum gefunden werden kann [Wol11]. Die Definition von G entspricht Gleichung 40.

Für einen Iterationsschritt p und eine Normalverteilungsdichtefunktion m (mit $m = 1, 2, \ldots, M$) ergeben sich die Berechnungen entsprechend den folgenden Gleichungen 47 bis 49

$$\vec{\mu}_m^{(p+1)} = \frac{\sum_{k=1}^{K} P(m|\vec{o}^{(k)}, G^{(p)})\vec{o}^{(k)}}{\sum_{k=1}^{K} P(m|\vec{o}^{(k)}, G^{(p)})} \tag{47}$$

$$\Sigma_m^{(p+1)} = \frac{\sum_{k=1}^{K} P(m|\vec{o}^{(k)}, G^{(p)}) \left(\vec{o}^{(k)} - \vec{\mu}_m^{(p)}\right)^T \left(\vec{o}^{(k)} - \vec{\mu}_m^{(p)}\right)}{\sum_{k=1}^{K} P(m|\vec{o}^{(k)}, G^{(p)})} \tag{48}$$

$$\lambda_m^{(p+1)} = \frac{1}{K} \sum_{k=1}^{K} P(m|\vec{o}^{(k)}, G^{(p)}) \,. \tag{49}$$

Die mit $P(m|\vec{o}^{(k)}, G^{(p)})$ angegebene Wahrscheinlichkeit ist interessant, da sie Aussagen darüber zuläßt, in welchem Maße ein Merkmalvektor $\vec{o}$ Einfluß auf die Normalverteilung m des p-ten Iterationsschrittes hat. Sie ist wie folgt definiert.

$$P(m|\vec{o}^{(k)}, G^{(p)}) = \frac{p\left(\vec{o}^{(k)}|\vec{\mu}_m^{(p)}, \Sigma_m^{(p)}\right) P(G_m^{(p)}|G^{(p)})}{\sum_{i=1}^{M} p\left(\vec{o}^{(k)}|\vec{\mu}_i^{(p)}, \Sigma_i^{(p)}\right) P(G_i^{(p)}|G^{(p)})} \,. \tag{50}$$

Am Ende jedes Iterationsschrittes wird der neue Wert der logarithmierten Likelihood-Funktion $\mathrm{LL}(G^{(p+1)}|\vec{o}^{(1)}, \ldots, \vec{o}^{(K)})$ berechnet. Durch den formulierten Ansatz stellt dieser gegenüber dem alten Wert eine Verbesserung dar. Sobald das Abbruchkriterium

$$\mathrm{LL}(G^{(p+1)}|\vec{o}^{(1)}, \ldots, \vec{o}^{(K)}) - \mathrm{LL}(G^{(p)}|\vec{o}^{(1)}, \ldots, \vec{o}^{(K)}) < \ln M \tag{51}$$

erfüllt wird, endet die Paramterschätzung und G^* gilt als ausgefunden. Die Belegung des Startparameters $G^{(0)}$ muss im Vorfeld festgelegt werden, wobei eine zufällige Belegung zulässig ist [Wol11]. Die Anzahl der verwendeten Normalverteilungen M pro Mischverteilung ist ebenfalls im Vorfeld festzulegen (z. B. $M = 2^4 = 16$).

3.3 Statistische Vektorfolgenklassifikation mit HM-Modellen

Die bisherigen Überlegungen gingen davon aus, dass sich eine Signalinstanz durch einen einzigen Merkmalvektor beschreiben lässt. Es ist nun aber zu beobachten, dass akustische Signale zeitliche Strukturen besitzen, die sich meist wiederholen. Als Beispiel kann die Unwucht einer rotierenden Achse angeführt werden, die im akustischen

Signal durch periodisch auftretende, impulshafte Signalanteile sichtbar wird. Aus diesem Grund muss davon gesprochen werden, dass sich die Signalinstanzen aus akustischen Ereignissen zusammensetzen, welche die zeitliche Strukturierung hervorrufen. Dies führt zur notwendigen Konsequenz, dass die Beschreibung einer Signalinstanz durch die Beschreibung der einzelen Ereignisse zu erfolgen hat, was durch die Verwendung einer Folge von Merkmalvektoren möglich ist.

Leider sind die einzelnen Ereignisse, sowie deren Anfang und Ende, nur in seltenen Fällen exakt lokalisierbar. Aus diesem Grund wird davon ausgegangen, dass die Signalinstanzen innerhalb kurzer Signalabschnitte quasistationär sind und sich diese mit den Verfahren der Kurzzeitanalyse beschreiben lassen. Die genaue Festlegung für *kurz* muss problemspezifisch erfolgen. Jeder kurze Signalabschnitt fester Dauer wird durch einen Merkmalvektor beschrieben und für die gesamte Signalinstanz entsteht so eine *Merkmalvektorfolge*. Dieses Vorgehen sichert aber nicht, dass ein einziger Merkmalvektor der kompletten zeitlichen Dauer eines akustischen Ereignisses entspricht. Vielmehr müssen mehrere benachbarte Merkmalvektoren zur Beschreibung eines akustischen Ereignisses herangezogen werden. Die Anzahl der Merkmalvektoren charakterisiert damit unterschiedliche Ereigniszeitdauern. Die Schwierigkeit besteht nun darin, die Merkmalvektoren den Ereignissen zu zuordnen. Dieses Problem kann mittels der statistischen Vektorfolgenklassifikation mit HM-Modellen durch die Betrachtung einer großen Menge von Signalinstanzen statistisch gelöst werden, was im Ergebnis zur automatische Aufdeckung bzw. Schätzung der Signalstruktur führt.

Bei der statistischen Vektorklassifikation mit GM-Modellen wurde die Wahrscheinlichkeit bzw. Likelihood für die Zugehörigkeit einer durch einen Merkmalvektor $\vec{o}$ beschriebenen Signalinstanz zur Klasse c berechnet. Wird eine Signalinstanz folgend mit einer Merkmalvektorfolge $\vec{\mathbf{o}}$ beschrieben, muss eine Möglichkeit gefunden werden, entsprechende Aussagen für die gesamte Folge zu treffen. Wird nur eine einelementige Folge $\vec{\mathbf{o}} = \{\vec{o}\}$ mit $|\vec{\mathbf{o}}| = 1$ betrachtet, so gelte das Ergebnis des GMM-Ansatzes. Die Betrachtung mehrelementiger Folgen erleichtert sich, wenn zuvor eine geeignete Darstellung der Merkmalvektorfolge vorgenommen wird. Dazu wird wieder davon ausgegangen, dass ein akustisches Signal eine Folge von Signalinstanzen ist. Eine Signalinstanz wiederum gehört einer Menge von Instanzen an, die ähnliche Eigenschaften besitzen und dadurch eine Klasse bilden. Jede Signalinstanz kann mehrere akustische Ereignisse beinhalten. Diese Ereignisse werden durch Merkmalvektorfolgen beschrieben. Wird dieser Zusammenhang aus Sicht der Automatentheorie betrachtet, so entspricht ein Automat einer Klasse c. Die Zustände des Automaten c werden den akustischen Ereignissen gleichgesetzt und ihre Abfolge durch Zustandsübergänge modelliert.

Die Struktur einer Signalinstanz mit vier akustischen Ereignissen kann mit dem in Abbildung 9 dargestellten Automaten in Graphennotation beschrieben werden. Die Kreise des Graphen entsprechen den Zuständen des Automaten. Da ein Automat einen definierten Anfangszustand benötigt, ist Zustand z_0 nur symbolisch. Die anderen Zustände z_j mit $j = 1, \ldots, J$ entsprechen den akustischen Ereignissen. Der Zustand z_4 kennzeichnet einen definierten Endzustand des Automaten. Die Pfeile zwischen den Zuständen symbolisieren Zustandsübergänge e_i mit $i = 1, \ldots, I$. Der dargestellte Graph ist ein einfacher Links-Rechts-Graph für vier verschiedene Ereignisse, die nur nacheinander auftreten können. Sollten Ereignisse mehrfach auftreten oder bestimmte Ereignisse ausgelassen werden, so müssen die entsprechenden Übergänge geschaffen oder gelöscht werden.

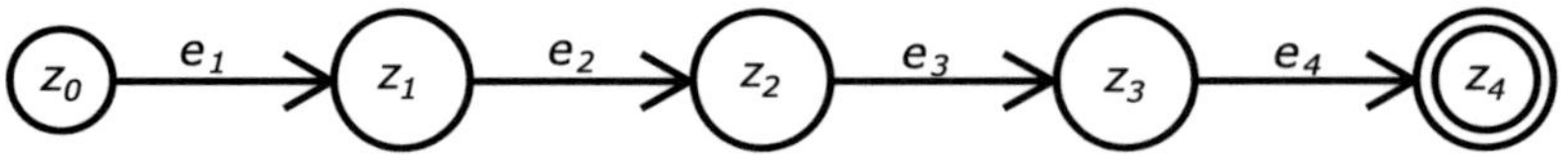

Abbildung 9: Automatengraph zur Beschreibung der akustischen Ereignisstruktur einer Klasse mit $J = 4$ akustischen Ereignissen.

Im dargestellten Graphen sind die Merkmalvektorfolgen noch nicht enthalten. Um sie einzubeziehen, wird von der allgemeinen Klassifikationsaufgabe

$$s = \underset{c \in C}{\arg\max}\; p(\vec{\mathbf{o}}|c) \cdot P(c) \quad \text{bzw.} \quad s = \underset{c \in C}{\arg\max}\; p(\vec{\mathbf{o}}|c) \tag{52}$$

ausgegangen, bei welcher für jede definierte Klasse $c = 1, \ldots, C$ die Wahrscheinlichkeit der Merkmalvektorfolge $\vec{\mathbf{o}}$ berechnet wird. Der Ein-Klassen-Idee folgend werden die weiteren Betrachtungen stets nur für eine einzige Klasse c durchgeführt. Eine explizite Parameterindizierung für die betrachtete Klasse c wird nicht durchgeführt, was der Übersichtlichkeit dienlich ist. Weiterhin wird der in Abbildung 9 beispielhaft dargestellte Automat dahingehend verallgemeinert, dass die ihn repräsentierende Klasse c aus $J \in \mathbb{N}^*$ akustischen Ereignissen bestehen soll und somit J Automatenzustände vorhanden sind.

Die verschiedenen akustischen Ereignisse können verschiedene Zeitdauern besitzen. Um dies mit dem Automaten zu modellieren, werden Selbstübergänge zugelassen. Diese sind aber natürlich nicht so zu interpretieren, als würde mehrmaliges Beschreiten eines Selbstüberganges zu mehrmaligem Auftreten des selben akustischen Ereignisses führen. Zur Vermeidung dieser Verwechselung werden den Kanten die Merkmalvektoren zugeordnet, die jeweils einen Abschnitt fester Länge einer Signalinstanz beschreiben. Die Zuordnung der Merkmalvektoren zu den Kanten folgt [Wol11]. Wird ein Selbstübergang durchgeführt, so verlängert sich die Dauer des akustischen Ereignisses um die einem Merkmalvektor entsprechende Zeitdauer. Die Abbildung 10 erweitert den Automatengraphen von Abbildung 9 um Selbstübergänge.

Die Selbstübergänge ermöglichen eine Menge verschiedener *Pfade* $\mathscr{U}^L$ gleicher Länge $L \in \mathbb{N}^*$ durch den Automatengraphen. Es werden nur die Pfade betrachtet, die von einem Anfangszustand ausgehen und an einem Endzustand enden. Bei einer angenommenen Pfadlänge $L = 6$ kann so ein Pfad $(e_1, e_2, e_3, e_4, e_5, e_7)$ und ein anderer gültiger Pfad $(e_1, e_3, e_5, e_6, e_6, e_7)$ gefunden werden. Da den Kanten die Merkmalvektoren zugeordnet sind, müssen sich mit diesen beiden Pfaden auch zwei verschiedene Merkmalvektorfolgen ergeben. Der Automat generiert damit bei vorgegebener Pfadlänge verschiedene Merkmalvektorfolgen, und es wird von einem *Generierungsmodell* für Signalinstanzen

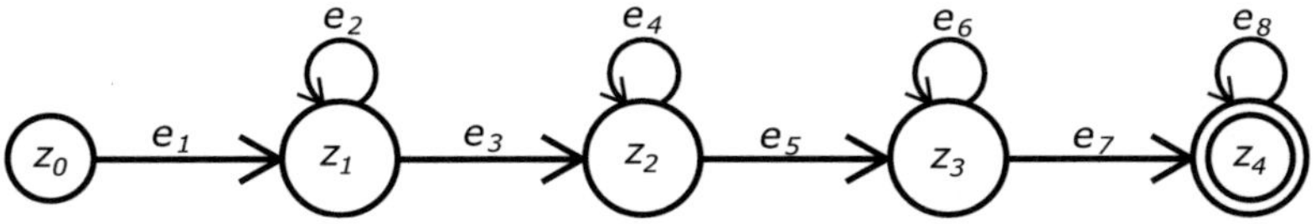

Abbildung 10: Automatengraph mit Selbstübergängen zur Beschreibung der akustischen Ereignisstruktur und Modellierung unterschiedlicher Ereignisdauern einer Klasse mit fünf akustischen Ereignissen.

einer Klasse gesprochen. Es ist aber zu beachten, dass die Verwendung eines stochastischen Ansatzes nicht direkt zu den Merkmalvektoren der Folgen führt, sondern nur zu Erzeugungswahrscheinlichkeiten der Merkmalvektoren bei den Zustandsübergängen. Es kann jeder Merkmalvektor mit einer gewissen Wahrscheinlichkeit bei jedem Zustandsübergang erzeugt werden. Die Zustandsübergänge repräsentieren so in der Tat die Merkmalvektoren, jedoch ist einem Zustandsübergang kein spezieller Merkmalvektor zuordnenbar. Nach [Wol11] wird deshalb von einem *Hidden*-MARKOV-*Modell* oder HM-Modell bzw. HMM gesprochen, denn der eigentliche Pfad durch den Graphen bleibt nach außen verdeckt (engl. *hidden*). Für die Klassifikationsaufgabe nach Gleichung 52 stellt sich jedoch nicht die Frage nach dem Pfad, sondern mit welcher Wahrscheinlichkeit dieser Automat eine vorgegebene Merkmalvektorfolge (zum Beispiel $\vec{\mathbf{o}} = (\vec{o}_1, \vec{o}_2, \vec{o}_3, \vec{o}_4, \vec{o}_5, \vec{o}_6)$ mit $L = |\vec{\mathbf{o}}| = 6$) erzeugen kann.

Um diese Frage zu beantworten, ist die Einführung von Zustandsübergangswahrscheinlichkeiten $P(e_i)$ notwendig, da davon auszugehen ist, dass bestimmte Zustandsübergänge wahrscheinlicher als andere sind. Die Verwendung von e_i zur Beschreibung eines Zustandsüberganges ist zulässig, da jede Kante eindeutig durch einen Anfangszustand z, einen Endzustand z' und eine Ausgabe beschrieben sei. Mit $P(e_i)$ können Pfadwahrscheinlichkeiten berechnet werden, wobei für jede Pfadlänge ein Pfad größter Wahrscheinlichkeit existiert. Die Annahme, dieser Pfad sei der gesuchte Pfad, ist leider nicht immer richtig. Vielmehr müssen zusätzlich alle gefundenden Pfade der vorgegebenen Pfadlänge daraufhin untersucht werden, mit welchen Wahrscheinlichkeiten die Zustandsübergänge die entsprechenden Merkmalvektoren der zu untersuchenden Folge $\vec{\mathbf{o}}$ erzeugen können. Diese Frage lässt sich mit bedingten Wahrscheinlichkeitsdichtefunktionen $p(\vec{o}_l|e_i)$ beantworten, die als zustandsabhängige GM-Modelle nach Gleichung 39 ausgelegt, zu

$$p(\vec{o}_l|G_{z'(e_i)}) = \sum_{m=1}^{M_{e_i}} \frac{\lambda_{z'(e_i),m}}{(2\pi)^{\frac{N}{2}} \left|\Sigma_{z'(e_i),m}\right|^{\frac{1}{2}}} e^{-\frac{1}{2}\left(\vec{o}_l - \vec{\mu}_{z'(e_i),m}\right)^T \Sigma^{-1}_{z'(e_i),m} \left(\vec{o}_l - \vec{\mu}_{z'(e_i),m}\right)} \tag{53}$$

führen. Die Wahrscheinlichkeitsdichte der Erzeugung einer Merkmalvektorfolge mit einem gegebenen Pfad U ergibt

$$p(\vec{\mathbf{o}}|U) = \prod_{u_l \in U} p(\vec{o}_l|G_{z'(u_l)}) \cdot P(u_l). \tag{54}$$

mit $u_l = e_i$ als l-ter Kantenübergang des Pfades U über die Kante e_i.

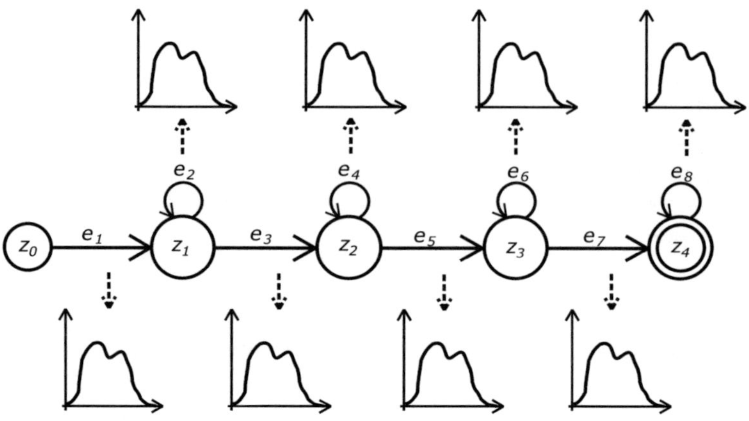

Abbildung 11: Links-Rechts *Hidden*-MARKOV-*Modell* mit Hinweis der Zuordnung der GM-Modelle zu den Zustandsübergängen.

Ausgangspunkt der Klassifikationsaufgabe nach Gleichung 52 ist die Bestimmung der Wahrscheinlichkeitsdichte $p(\vec{\mathbf{o}}|c)$, die eine Aussage darüber zulässt, wie wahrscheinlich die Merkmalvektorfolge $\vec{\mathbf{o}}$ der Klasse c zuzuordnen ist. Die Klasse c wird durch den Automaten c entsprechend Abbildung 11 beschrieben, der durch seine Kanten e_i und deren zugehörige GM-Modelle $G_{z'(e_i)}$ bzw. Zustandübergangswahrscheinlichkeiten $P(e_i)$ definiert ist. Mit diesen Parametern wird es möglich, die Wahrscheinlichkeit zu bestimmen, mit der der Automat die Merkmalvektorfolge erzeugen kann. Dazu müssen aber alle Pfade der Länge $|\vec{\mathbf{o}}| = L$ einbezogen werden, und es folgt

$$p(\vec{\mathbf{o}}|c) = \sum_{U \in \mathscr{U}^L} p(\vec{\mathbf{o}}|U) = \sum_{U \in \mathscr{U}^L} \left(\prod_{u_l \in U} p(\vec{o}_l | G_{z'(u_l)}) \cdot P(u_l) \right). \tag{55}$$

Die Berechnung von Gleichung 55 benötigt für jede verwendete Kante e_i eine Schätzung der Übergangswahrscheinlichkeit $P(e_i)$ und für jeden Zustand j die Parameter $G_{z'(e_i)} = G_{z_j}$ der GAUSSschen Mischverteilungsfunktionen mit N-dimensionalen Normalverteilungsdichtefunktionen. Es ist zu beachten, dass die GM-Modelle der Beschreibung der akustischen Ereignisse dienen und somit den Automatenzuständen zuzuordnen sind, obwohl sie die Ausgabefunktionen der zu den Zuständen führenden Kanten formulieren ($p(\vec{o}|G_{z'(e_i)}) = p(\vec{o}|G_{z_j})$ mit $z'(e_i) = z_j$). Bei Betrachtung mehrerer Klassen sind alle Schätzungen für jede Klasse durchzuführen.

Parameterschätzung

Werden alle Parameter zusammengetragen, die für die vollständige Beschreibung eines klassenabhängigen HM-Modells H_c notwendig sind, so ergeben sich folgende Mengen:

$$H_c = \{G_{z_1}, \ldots, G_{z_J}, P(e_1), \ldots, P(e_I)\} \tag{56}$$

mit

$$G_z = \{G_{z_1}, \ldots, G_{z_J}\} \tag{57}$$

und

$$G_{z_j} = \{\lambda_{z_j,1}, \ldots, \lambda_{z_j,M}, \Sigma_{z_j,1}, \ldots, \Sigma_{z_j,M}, \vec{\mu}_{z_j,1}, \ldots, \vec{\mu}_{z_j,M}\}\,. \tag{58}$$

Diese Parameter sind aus einer $K \in \mathbb{N}^*$-elementigen Lernstichprobe mit Signalinstanzen der Klasse c zu bestimmen. Um dies effizient aufzuschreiben und auch durchführen zu können, folgen wir dem Ansatz von [Eic07], der jedem Zustand nur eine Normalverteilung zuordnet. Dazu wird zuerst jeder bestehende Zustandsübergang in M Zustandsübergänge ausgespalten. Anschliessend erhält jeder Übergang eine der M Normalverteilungen der ursprünglichen Ausgabewahrscheinlichkeitsdichtefunktion. Die ursprüngliche Zustandsübergangswahrscheinlichkeit wird für jeden neuen Zustandsübergang mit dem jeweiligen Mischungsgewicht λ_c, m zu einer neuen Zustandsübergangswahrscheinlichkeit zusammengefasst. Damit die Normalverteilungen letztendlich den Automatenzuständen zugeordnen werden können, müssen alle zu einem Zustand führenden Kanten die gleiche Normalverteilung verwenden. Um dies zu erreichen, werden auch die Zustände in jeweils M Zustände aufgespalten. Zu einem neuen Zustand führen so M Kanten des ursprünglichen Vorgängerzustandes, der jetzt durch M Vorgängerzustände beschrieben wird.

Mit dieser Anpassung kann die Parameterschätzung entsprechend der Darstellung für die statistische Vektorklassifikation mit GM-Modellen (Abschnitt 3.2) mit der Maximierung der logarithmischen Likeliehood-Funktion durchgeführt werden

$$\mathrm{LL}(G|\vec{\mathbf{o}}^{(1)}, \ldots, \vec{\mathbf{o}}^{(K)}) = \sum_{U \in \mathscr{U}^L} \left(\prod_{u_l \in U} p(\vec{o}_l|G_{u_l}) \cdot P(u_l) \right) \to \mathrm{Max}(G)! \tag{59}$$

Die Bestimmung der Parameter folgt [Tsc11] und wird BAUM-WELCH-Algorithmus genannt. Es handelt sich dabei um einen iterativen Algorithmus, der für einen Iterationsschritt und einen Zustandsübergang mit nur einer Normalverteilung folgende Berechnungen durchführt:

$$\Sigma_m^{(p+1)} = \frac{\sum_{k=1}^K \alpha_e^k (\vec{o}^k - \vec{\mu}_e^{(p+1)})(\vec{o}^k - \vec{\mu}_e^{(p+1)})^T}{\sum_{k=1}^K \alpha_e^k} \tag{60}$$

$$\vec{\mu}_e^{(p+1)} = \frac{\sum_{k=1}^K \alpha_e^k \vec{o}^k}{\sum_{k=1}^K \alpha_e^k} \tag{61}$$

$$P(e)^{(p+1)} = \frac{\sum_{k=1}^K \alpha_e^k}{\sum_{k=1}^K \frac{g_{z(e)}^k h_{z(e)}^k}{\sum_{z(e)} g_{z(e)}^k h_{z(e)}^k}} \tag{62}$$

$$\alpha_e^k = \frac{g_{z(e)}^{k-1} \cdot P(e) \cdot p(\vec{o}^k|e) \cdot h_{z'(e)}^k}{\sum_e g_{z(e)}^{k-1} \cdot P(e) \cdot p(\vec{o}^k|e) \cdot h_{z'(e)}^k}. \tag{63}$$

Die sogenannten Vorwärtsvariablen g_z^k und Rückwärtsvariablen h_z^k entstammen dem *Vorwärts-Rückwärts-Algorithmus*. Mit Ihnen wird angegeben, wie groß die Wahrscheinlichkeit ist, dass die ersten k Elemente von $\vec{o}$ durch den Automaten ausgegeben wurden und jetzt der Zustand z eingenommen wird (Vorwärtsvariablen). Eine Rückwärtsvariable gibt hingegen die Wahrscheinlichkeit an, dass vom Zustand z aus die restlichen Elementen von $\vec{o}$ (ab Element k aus betrachtet) erzeugt werden können. Mit α_e^k wird die Gesamtwahrscheinlichkeit angegeben, dass ein durchgehender Weg zum Zeitpunkt k den Zustandübergang e benutzt. Die ausführliche Herleitung ist [Tsc11] zu entnehmen.

Am Ende jedes Iterationsschrittes wird der neue Wert der logarithmierten Likelihood-Funktion $\mathrm{LL}(G^{(p+1)}|\vec{o}^{(1)},\ldots,\vec{o}^{(K)})$ berechnet und das in Abschnitt 3.2 definierte Abbruchkriterium 51 überprüft. Es lautet:

$$\mathrm{LL}(G^{(p+1)}|\vec{o}^{(1)},\ldots,\vec{o}^{(K)}) - \mathrm{LL}(G^{(p)}|\vec{o}^{(1)},\ldots,\vec{o}^{(K)}) < \ln M, \tag{64}$$

wobei $G^{(0)}$ im Vorfeld festgelegt oder zufällig gewählt werden kann.

Kapitel 4

Akustische Datenbasis strukturtragender Daten

Eine Lernstichprobe akustischer Signale ist die Grundlage für die Erstellung der Modelle für die Klassen der in den Signalen enthaltenen Instanzen. Im einfachsten Fall wird eine Instanz als Referenz für eine Klasse abgelegt. Im statistisch motivierten Ansatz bedarf es aber einer sehr großen Zahl von Instanzen, um das Modell der Klasse zu erstellen bzw. zu erlernen. Es ist dabei nur in wenigen Anwendungsfällen möglich jede Instanz in einer einzelnen Signaldatei abzulegen. Vielmehr müssen die Signaldatei und verschiedene Informationen (z. B. Startposition und Dauer der Instanzen) in geeigneter Form bereitgehalten werden. Die Verwaltung der Daten erfolgt in einer akustischen Datenbasis, deren Struktur aber nicht standardisiert ist und meist nur aus verschiedenen Dateien in unterschiedlichen Verzeichnissen besteht. Die Analyse akustischer Sprecherdatenbasen (beispielsweise *Verbmobil* [Wah00] für die deutsche Sprache) zeigt, dass Sprache als komplexes und informationstragendes Signal zu sehr umfangreichen Datenbeständen führt, deren Strukturen nur mittels Zusatzinformationen verstanden werden können.

Ziel ist es deshalb, selbstbeschreibende Dokumente zu definieren, die alle für ein akustisches Signal vorhandene Informationen enthalten und dabei eine automatisch verarbeitbare Struktur besitzen, die auch als Austauschformat zwischen Signalverarbeitungsmodulen agieren kann. Um einen schnellen Überblick über die vorhandenen Daten eines akustischen Signals zu erhalten, sollen die Dokumente mittels Internetbrowser eine Navigation in den Daten erlauben.

Die folgende Beschreibung des entwickelten Systems geht vom komplexen Problem der akustischen Sprecherdatenbasen aus und bildet den entwickelten Ansatz aber ebenso auf die weniger komplexen nichtsprachlichen akustischen Datenbasen ab.

4.1 Ansatz

Am Institut wurde die annotierte Sprecherdatenbasis TC-STAR [JWC+07] erstellt. Die dafür benötigten Hauptkomponenten des eigens entwickelten Rahmensystems (engl. *framework*) sind in Abbildung 12 dargestellt. Die Beschreibung der beteiligten Komponenten ist an dieser Stelle ohne Relvanz, kann aber in [JWC+07] und [WJ10] nachgelesen werden. Das Framework ist so konzipiert, dass sich die Komponenten der Verarbeitungskette jederzeit durch leistungsfähigere ersetzen lassen. Deshalb kommt der Konsistenzprüfung eine sehr wichtige Rolle zu. Sie muss stets die (eventuell proprietären) Ausgabeformate einzelner Komponenten verarbeiten und alle im System befindlichen Wissensquellen, die unterschiedliche Aspekte einer einzigen sprachlichen Äußerung beschreiben, zusammenführen können. Die syntaktische Beschreibung hat in einer elektronisch verarbeitbaren Form zu erfolgen, damit die notwendigen Transformationen bzw. Konvertierungen rein vom gegebenen Eingabeformat und dem Wunsch des Zielformates gesteuert werden. Das verlangt die Verwendung strukturierter und definierter Ein- und Ausgabeformate. Für eine einheitliche Verwendung im Gesamtsystem ist dieses Prinzip auch auf die Beschreibung innerhalb der verschiedenen Wissensquellen zu übertragen, was im Ergebnis zu einer vollständig strukturierten Annotation führt.

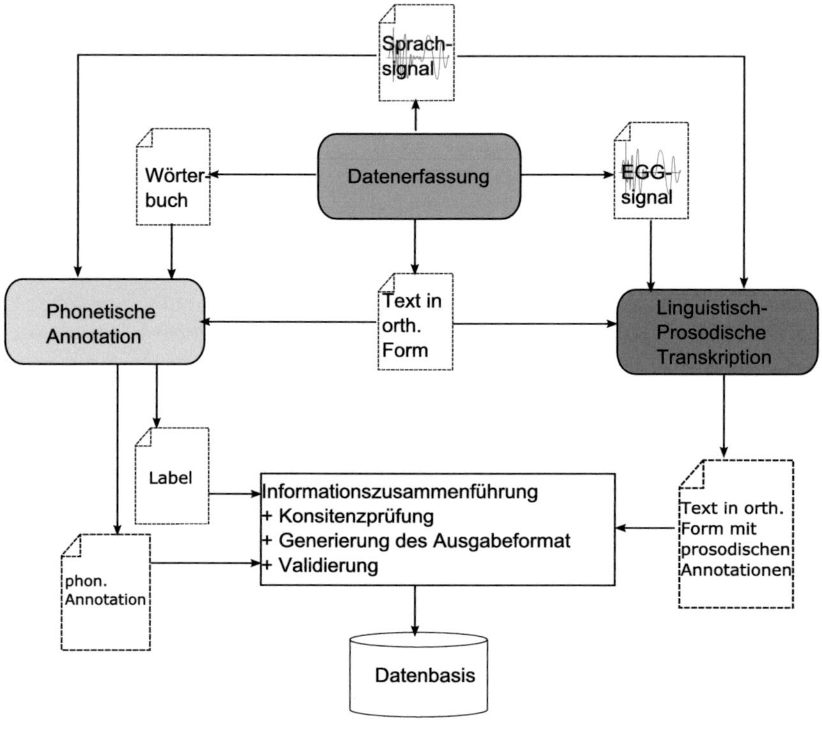

Abbildung 12: Grobstruktur des Frameworks zur Erstellung von hochqualitativen Sprecherdatenbasen.

Alle für die Erstellung einer Sprecherdatenbasis notwendigen Verfahren und das in Algorithmen und Regeln notierte Expertenwissen sind im Framework zusammengefaßt. Die Erstellung einer neuen Datenbasis läuft nach einer Grundkonfiguration (Festlegung der Sprachprompts, Festlegung des phonetischen Alphabets usw.) selbstständig ab. Problem des Frameworks sind die von den einzelnen Komponenten verlangten Dateien bzw. Daten (in Abb. 12 gestrichelt dargestellt). Bei manuellen Korrekturen muss der Bearbeiter die zum Datenaustausch zwischen den Komponenten eingesetzten Dateien bearbeiten und eventuell Änderungen in mehreren Dateien durchführen, was voraussetzt, dass er die Komponenten sowie deren Ein- und Ausgaben kennt. Die TC-STAR-Datenbasis beinhaltet 5560 spachliche Äußerungen und jede Äußerung besitzt 9 Dateien, die

- die reine, orthographische Form,
- die orthographische Form mit realisierten prosodischen Ergänzungen,
- den akustischen Kanal 1,
- den akustischen Kanal 2,
- den akustischen Kanal 3,
- die realisierte phonetische Form,
- die zeitlichen Positionen der Wortgrenzen,
- die zeitlichen Positionen der Lautgrenzen,
- die Grundfrequenzkontur

einer Äußerung beschreiben. Je Sprecher müssen über 50 000 Dateien verwaltet werden. Dieses Problem verbesserte das in [WJ10] vorgestellte *Prosodisch-Phonetische Annotationssystem (PROPHANO)*. Es kombiniert dazu alle einem akustischen Signal zuordenbaren Daten in einer einzigen Datei. Jede Komponente darf damit nur noch genau eine Datei verlangen und nur die bearbeitete Eingabedatei ausgeben. Die erste Stufe der Überführung des Frameworks Abb. 12 ins Framework *PROPHANO* ist in Abbildung 13 dargestellt. Die Abbildung zeigt deutlich den offensichtlichen Nachteil des Konzepts von einer Ein- und Ausgabedatei je Komponente. Die Verwendung einer einzigen Datei als Austauschmedium führt in der parallelen Verarbeitung von unabhängigen Komponenten zu mehreren Versionen einer ursprünglichen Datei.

Die Abwägung bezüglich paralleler Verarbeitung der Komponenten oder einheitlicher Systemstruktur ist schwierig. Die parallele Verarbeitungsstruktur bietet vorallem zeitliche Vorteile, hat aber auch den entscheidenden Nachteil, dass es eine zentrale Stelle zum Zusammenführen der einzeln gewonnenen Daten geben muss. Wurden bestimmte Daten gleichsam durch die Komponenten verändert, ist im Besonderen zu entscheiden, welche Daten die „Richtigen" sind und abgespeichert werden müssen. Es bietet sich deshalb an, alle Komponenten sequentiell anzuordnen, ihnen alle verfügbaren Daten in einer strukturierten Datei bereitzustellen und die Komponenten die Daten ergänzen bzw. verändern zu lassen. Diese Struktur ist im PROPHANO-System entsprechend Abbildung 14 realisiert. Zur Sicherung der Datenintegrität kann nach jeder Komponente eine Validierung der Daten vorgenommen werden und es ergibt sich die in Abbildung 14 dargestellte allgemeine Struktur mit Kennzeichnung der Richtung der Informationszunahme.

Es ist zu beachten, dass die wiederkehrende Durchführung der Maßnahmen zur Sicherung der Datenintegrität erhebliche Rechenzeit benötigen kann. Zur Verhinderung

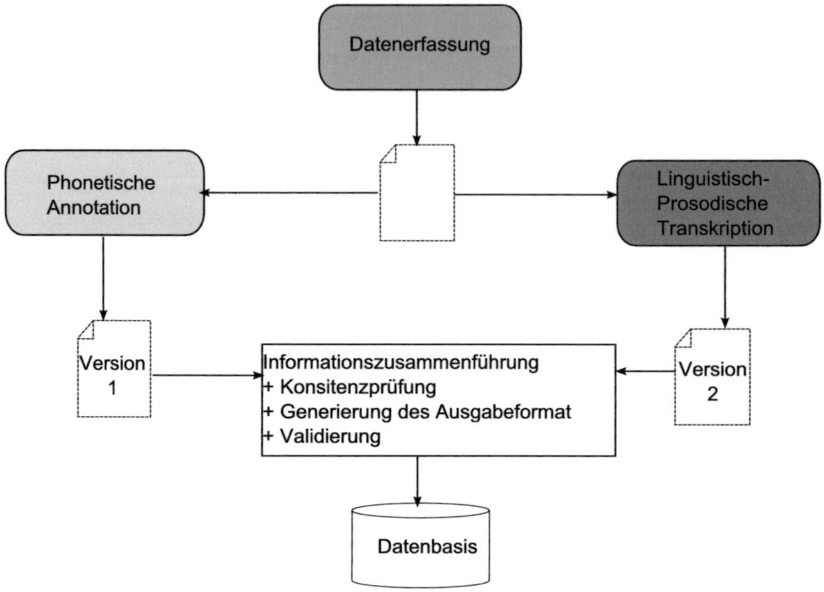

Abbildung 13: Erste Stufe der Überführung des Frameworks Abb. 12 ins Framework PROPHANO (Problem: zwei Dateiversionen).

redundanter Prüfungen wird davon ausgegangen, dass jede Komponente nur einen kleinen Teil der Daten verändert bzw. neue ergänzt. Die Einführung von Prüfsummen und die Nutzung einer bzgl. des Zugriff auf die Daten effizienten Datenstruktur sind einfache Massnahmen die veränderten bzw. hinzugekommenen Teile effektiv zu überprüfen. Voraussetzung ist die Strukturierung der Daten. Als Prüfsummenverfahren wird das gering rechenlastige Verfahren ADLER-32 [DEG11] verwendet. Es erlaubt eine schnelle Kontrolle ob innerhalb der Teilstrukturen Änderungen stattgefunden haben. Dazu ist die Speicherung der Prüfsummen notwendig.

Die in Abbildung 14 dargestellte Abwendung von der Parallelverarbeitung der Signalanalysemodule untereinander führt zu einem sequentiellen Aufbauen der akustischen Sprecherdatenbasis. Der Datenaustausch zwischen den Modulen soll dokumentorientiert erfolgen, wobei die im Dokument enthaltenen Daten strukturiert und damit beschreibbar abgelegt sind. Die Voraussetzung beschreibarer und damit strukturierter Daten ermöglicht es, die Prozesskette mit sprachverarbeitungsfremden Modulen zu ergänzen und auch nichtsprachliche akustische Datenbasen aufzubauen. Sind im Dokument Eingangsdaten für ein Modul enthalten, so kann es dies durch die Strukturierung feststellen und nur dann die entsprechenden Daten verarbeiten. Die Ergebnisse werden nach der Verarbeitung entsprechend der definierten Dokumentstruktur in das Dokument eingefügt. Die Module nehmen damit nur datengetriebene Änderungen bzw. Ergänzungen am Dokument vor. Es entsteht somit ein sehr universeller Ansatz zum Aufbau von akustischen Datenbasen, der aber die Strukturierung der dokumentorientierten Daten voraussetzt.

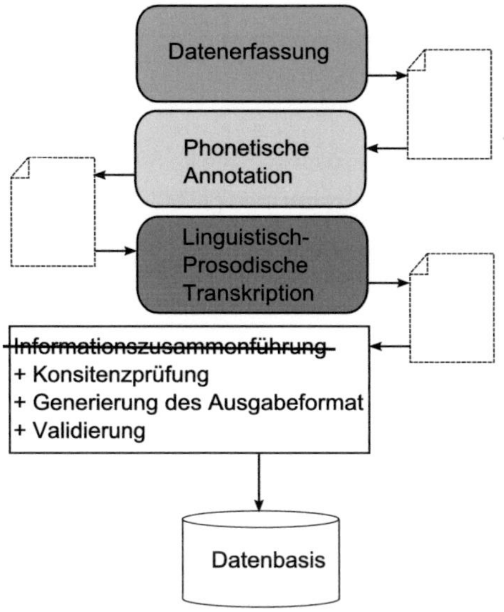

Abbildung 14: Grobstruktur des Frameworks PROPHANO.

4.2 Selbstbeschreibende Daten

4.2.1 Motivation

Eine Beschreibung der in einer akustischen Datenbasis enthaltenen Daten ist Voraussetzung für deren effiziente Nutzung. Die Beschreibung muss die Struktur, Formate und Beziehungen der Daten darlegen. Wird dieser Gedanke weitergeführt, so ergeben sich die Grundvoraussetzungen, die auch für den Entwurf eines Datenbanksystems aus Sicht der Informatik notwendig sind. Die in einer Datenbank enthaltenen Daten sind bezüglich Aufbau, Datenformate usw. vollständig beschrieben, da nur so die jeweils angefragten Daten vom Datenbankmanagement aus der Datenbank entnommen werden können. Damit führt der Ansatz der Datenbeschreibung bzw. Strukturierung der einem akustischen Signal zugehörigen Daten direkt zu Datenbanken, die dafür ausgelegt sind, mit einer großen Menge von *semistrukturierten Daten* (engl. *semistructured data* [BF01]) umzugehen. Da diesem Begriff an Eindeutigkeit fehlt, wird in dieser Arbeit der Begriff *selbstbeschreibende Daten* oder *strukturtragende Daten* verwendet.

Soll nur eine kleine akustische Datenbasis aufgebaut werden, ist die Verwendung eines kompletten Datenbanksystems überdimensioniert. Es wird deshalb eine Möglichkeit vorgestellt, die akustische Datenbasis dokumentenzentriert und selbstbeschreibend aufzubauen, so dass eine Integration in eine Datenbank erfolgen, kann aber nicht zwingend für eine effiziente Verarbeitung ist. Die Datenstrukturierung erfolgt mit der Auszeichungssprache *eXtensible Markup Language (XML)* und die notwendige Strukturbeschreibung mit der *Document Type Definition* (DTD).

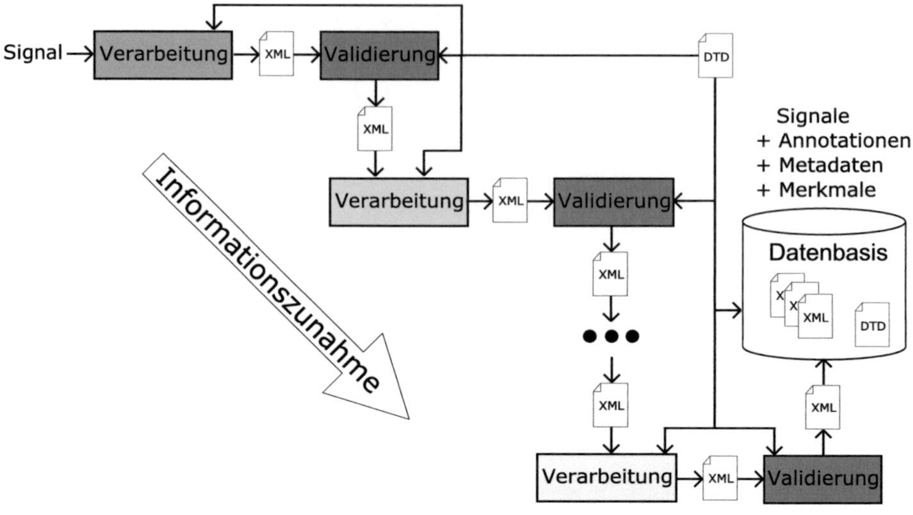

Abbildung 15: Sequenzielle Erzeugung akustischer Datenbasen mit dokumentorientierter Datenschnittstelle.

4.2.2 Document Type Definition

Die *Document Type Definition (DTD)* legt die formale Struktur von Dokumenten fest. Dazu werden alle Elemente mit ihren Eigenschaften, Datenformaten und Beziehungen zueinander in einer allgemein zugänglichen Datei definiert. Durch diese Maßnahme können Anwendungen die Dokumente nach geltenden Regeln erstellen bzw. auf deren Inhalte zugreifen. Ein einfaches, konstruiertes Beispiel besitzt folgende Form:

Listing 4.1: Strukturbeschreibungsbeispiel mittels DTD (Datei: poesiealbum.dtd)

```
<?xml version="1.0" encoding="UTF-8"?>
<!ELEMENT poesiealbum (besitzer?, eintrag+)>
<!ELEMENT besitzer    (vorname*, nachname+)>
<!ELEMENT vorname     (#CDATA)>
<!ELEMENT nachname    (#CDATA)>
<!ELEMENT eintrag     (#PCDATA)>
<!ATTLIST besitzer    alter      NUMBER #REQUIRED
                      geschlecht CDATA  ("maennlich"|"weiblich") "weiblich"
                      augenfarbe CDATA  #IMPLIED>
```

Eine DTD besteht aus Elementdeklarationen (ELEMENT) und zugehörigen Attributdeklarationen (ATTLIST). Jede Elementdeklaration legt den Namen und – in runden Klammern abgekapselt – den Inhaltstyp des Elements fest. Als Inhaltstyp ist die Angabe einer Folge von Elementen oder eines Zeichenkettentyps erlaubt. Zeichenketten werden entsprechend ihrer Eigenschaften in zwei Gruppen unterteilt. Die Gruppe CDATA (engl. *unparsed character data*) erlaubt keine weitere Verarbeitung bzw. syntaktische Analyse (engl. *parsing*) durch den verwendeten Analysealgorithmus (engl. *parser*). Dadurch dürfen Zeichen und Zeichenfolgen auftreten, die bei einer dennoch durchgeführten Verarbeitung falsch interpretiert (z. B. das mathematische Zeichen < als Elementanfang) oder Fehler hervorrufen würden. Bei Zeichenketten vom Typ PCDATA (engl. *parsed character data*) ist die syntaktische Analyse erlaubt. Sie ist wichtig, wenn in den Zeichenketten z. B. Textformatierungen enthalten sind, die bei der visuellen Darstellung berücksichtigt werden müssen. Im Beispielprogammcode 4.2 einer PCDATA-Zeichenkette ist der mit < text_fett > gekennzeichnete Textabschnitt hervorgehoben darzustellen.

Listing 4.2: Beispiel für eine PCDATA-Zeichenkette des Elements <eintrag>.

```
<eintrag>
  Ich habe <text_fett>dich gern</text_fett>.
</eintrag>
```

Besteht ein Element aus anderen Elementen, so sind diese durch Kommata getrennt anzugeben. In der angegebenen Reihenfolge müssen die Elemente auch im eigentlichen Dokument auftreten. Ist keine feste Reihenfolge gewünscht, so sind die entsprechenden Kommata mit & zu ersetzen. Die Ersetzung mit | ermöglicht die Definition von Alternativen. Zur weiteren Festlegung der Dokumentstruktur ist die Auftrittshäufigkeit jedes einzelnen Elementes anzugeben. Dazu ist einer der folgenden Häufigkeitsoperatoren an den Elementnamen anzufügen:

+ ... mindestens 1-mal

? ... 0-mal oder 1-mal

* ... 0-mal oder beliebig oft

Besitzt ein Element Attribute, so werden diese mit ATTLIST deklariert. Ob das definierte Attribut für das Element zwingend ist oder nicht, wird mit #REQUIRED und #IMPLIED angegeben. Die beiden Zeichenkettengruppen ID und NUMBER definieren eine eindeutige Kennung bzw. eine Zahl. Dürfen Attributwerte nur bestimmte Werte annehmen, so werden diese als Auswahl definiert und ein Standardwert angegeben. Für das Attribut geschlecht des Elements besitzer im Listing 4.1 wird so z. B. die Auswahl zwischen maennlich und weiblich ermöglicht, und weiblich als Standardwert definiert wird.

Die Definition der Elemente, ihrer Attribute und Beziehungen zu anderen Elementen zeigt starke Ähnlichkeit zur Modellierungssprache UML (engl. *Unified Modeling Language*) [Obj11]. UML wird in der objektorientierten Programmierung zur umfassenden Spezifikation von Objekten und deren Beziehungen untereinander eingesetzt. Die grafische Darstellung mittels UML-Klassendiagrammen ist dabei ein Werkzeug zur umfassenden und verständlichen Modellierung des zu entwerfenden Systems. Durch die starke Ähnlichkeit zur DTD ist die grafische Modellierung mittels UML-Klassendiagramm ein logischer Schritt, der durch Arbeiten von [KK03] untermauert wird.

4.2.3 eXtensible Markup Language

Ist eine *Document Type Definition* erstellt, so können auf deren Grundlage die Dokumente für die akustische Datenbasis erstellt werden. Es wird dazu auf die allgemein eingesetzte Beschreibungsprache XML (*eXtensible Markup Language*) nach der

W3C-Empfehlung XML 1.0 [BPSM+11] zurückgegriffen, die direkt die DTD umsetzen kann.

Ein XML-Dokument besteht aus einer Menge von Informationsobjekten (engl. *entities*), welche entweder Zeichenketten (engl. *strings*) oder Auszeichnungsdaten (engl. *markup*) entsprechend der definierten DTD sind. Die Auszeichnungsdaten bestehen aus Start- und End-Markierungen, Entity-Referenzen, Zeichenreferenzen, Kommentaren, Begrenzungen für CDATA-Abschnitte, der Dokumenttyp-Deklaration und den eigentlichen Daten. Die durch die DTD vorgegebene Struktur legt bei XML, im Gegensatz zu anderen Auszeichnungssprachen, nicht die Ausgabe bzw. das Layout der Daten fest. Bei HTML beispielsweise beschreibt <h1> zwei Informationen. Einerseits wird der Text als Überschrift gekennzeichnet und andererseits gleichzeitig die Art der Ausgabe des Textes als Überschrift festgelegt.

Ein großer Vorteil von XML ist die Möglichkeit, die in der DTD selbst definierten Bezeichner für die verwendeten Elemente zu nutzen. Dadurch können die Daten in von Menschen lesbarer und verständlicher Form strukturiert abgebildet werden. An diese Struktur wird von XML selbst nur vier Grundforderungen gestellt. Die erste Grundforderung betrifft die XML-Deklaration. Diese beinhaltet die zugrundeliegende XML-Version und den verwendeten Zeichensatz. Diese banal erscheinende Grundforderung sichert die exakte Dateninterpretation beim dokumentenorientierten Datenaustausch zwischen den Signalverarbeitungsmodulen. Als Zeichenkodierung wird UTF-8 ohne die sogenannte *byte order mark* (engl. , BOM, Markierung der Bytereihenfolge) verlangt. Dadurch entfallen die bei der Verarbeitung der Daten auf verschiedenen Hardware-Plattformen auftretenden Probleme infolge unterschiedlicher Bytereihenfolgen. Alle XML-Elemente und Attribute werden mit den ersten 128 Zeichen der UTF-8-Zeichenkodierung formuliert und entsprechen damit direkt den ersten 128 Zeichen der ASCII-Zeichenkodierung. Dadurch wird sichergestellt, dass auch reine ASCII-Systeme die XML-Struktur verarbeiten können. Dieser Ansatz ist einer binären Datendarstellung dahingehend überlegen, dass Probleme der Byte-Reihenfolge vermieden werden. Die XML-Deklaration steht am Anfang jeder XML-Datei und wird von den Deklarationen der zu verwendenten DTDs gefolgt:

```
<?xml version="1.0" encoding="UTF-8"?>
<!DOCTYPE poesiealbum SYSTEM "poesiealbum.dtd">
```

Die zweite Grundforderung betriff das sogenannte Dokument- oder Wurzelelement, dem alle anderen Elemente untergeordnet sind. Für Sprecherdatenbasen wird <prophano> und für nichtsprachliche akustische Datenbasen <acousig> festgelegt.

Die dritte Grundforderung betrifft die verwendeten Zeichen. Namen dürfen nur mit einem Buchstaben oder Unterstrich beginnen, aber nicht mit vom W3C reservierten Wörtern. Der Rest darf sich aus Ziffern, Buchstaben, Unterstrichen und Bindestrichen zusammensetzen. An die Buchstaben wird die Forderung gestellt, dass sie sich im verwendeten Zeichensatz, der durch die XML-Deklaration festgelegt wurde, befinden müssen. Es kann hier aber zu Problemen mit den Anwendungen kommen, wenn diese dafür nicht ausgelegt sind. Deshalb wird empfohlen, Sonderzeichen zu vermeiden und die Standardzeichen zu verwenden. Bei der Verwendung von Buchstaben muss auf Groß-

und Kleinschreibung geachtet werden, denn bei den Namen der XML-Elemente wird Groß- und Kleinschreibung unterschieden.

Die letzte Grundforderung betrifft die Struktur selbst. In dieser muss jedes Element eine Start-und Endmarkierung, die sogenannten *tags* (engl.), besitzen. Die Schachtelung der Tags muss korrekt erfolgen. Werden diese Anforderungen vom XML-Dokument erfüllt, ist es wohlgeformt und kann korrekt interpretiert werden. Die Darstellung von XML-Dokumenten erfolgt in XML-Editoren oder aktuellen Browsern. Diese besitzen XML-Parser, welche auch Fehler im XML-Dokument aufdecken und ausgeben. Es wird keine spezielle Darstellungssoftware benötigt, und die Erstellung der XML-Dokumente kann mit normalen Texteditoren erfolgen. Dies gewährleistet Plattformunabhängigkeit.

Ein letzter bedeutender Punkt ist die Angabe von Eigenschaften eines Elementes durch Attribute, statt durch andere Elemente. Mit der Verwendung von Attributen kann die Menge der Elemente verringert werden und vereinfacht die Struktur. Diese müssen im Start-Tag eines Elementes angegeben werden und sind in der DTD festgelegt. Die Reihefolge der Attribute ist streng nach der Vereinbarung in der DTD einzuhalten.

4.3 Akustische Datenbasis strukturtragender Daten

4.3.1 Akustische Sprachsignale

Die Verwendung von Auszeichnungssprachen hat sich in vielen Bereichen der Sprachverarbeitung durchgesetzt, und es gibt eine Vielzahl von Werkzeugen, Verarbeitungs- und Darstellungssystemen, die strukturtragende Daten verarbeiten. Der entscheidende Vorteil liegt in der Interoperabilität, die sich aus der eindeutigen Beschreibung mittels Dokumenttyp- oder Schemabeschreibung ergibt. Ihre Anwendung führt zu Sprachkorpora mit Annotationen in einer einheitlichen und strukturierten Form, solange die formale Gültigkeit des Dokumentes gegeben ist.

Im Bereich der Sprachverarbeitung gibt es viele W3C-Empfehlungen zur Beschreibung unterschiedlicher Sachverhalte. Als wichtigste Vertreter sind hier zu nennen:

- *Voice Extensible Markup Language* (VoiceXML) zur Sprachdialogsteuerung,
- *Speech Synthesis Markup Language* (SSML) in der Sprachsynthese,
- *Speech Recognition Grammar Specification* (SRGS),
- *Semantic Interpretation for Speech Recognition* (SISR) in der Spracherkennung,
- *Pronunciation Lexicon Specification* (PLS) zur Darstellung von Aussprachewörterbüchern.

Da diese Empfehlungen nicht immer allen Anforderungen genügen, gibt es speziell angepasste Formen wie beispielsweise *MaryXML* [SB04]. Auch PROPHANO ist diesen Weg gegangen, da es aufgrund seiner Granularität eine sehr feine Beschreibung der Sprachdaten zulässt.

Die Beschreibung von Sprachdaten erfolgt auf zwei Ebenen. Die erste umfaßt die orthographische und prosodische Beschreibung der gesamten Äußerung mittels *Speech Synthesis Markup Language* (SSML). Damit können allgemeine Parameter wie Pausen, Akzent und Phrasengrenzen annotiert werden. Die Einhaltung der W3C-Empfehlung sichert die Synthese der Äußerungen mittels SSML-konformen TTS-Systemen.

Da SSML nicht umfassend genug für eine vollständige phonetische und prosodische Beschreibung ist, integriert die zweite Ebene die erste und stellt Elemente für eine feinere Transkription bereit. Das folgende Beispiel zeigt einen kleinen Ausschnitt:

```
<?xml version="1.0" encoding="UTF-8"?>
<!DOCTYPE prophano SYSTEM "prophano.dtd">
<prophano version="0.1" lang="en-GB">
  <!-- erste Ebene entsprechend SSML -->
  <speak version="1.1" lang="en-GB">
    <lexicon uri="file:///lexicon_laura.pls" id="lexicon_laura"/>
    <voice name="Laura" gender="female" age="32">
      <lookup ref="lexicon_laura">
        <p>
          <s>
            <emphasis level="moderate">Parliament</emphasis> budget
            <break time="220ms"/> ought not to exceed
            <break strength="x-weak"/> twenty ...
          </s>
        </p>
      </lookup>
    </voice>
  </speak>
  <!-- zweite Ebene -->
  <lexicon uri="file:///lexicon_laura.pls" id="lexicon_laura"/>
  <voice name="Laura" gender="female" age="32">
    <pause length_ms="60"/>
    <word string="Parliament" prosodic="#">
      <sylable string="par">
        <phonem attrib="" value="p">
          <sig id="1474-w0-s0-p0" length_ms="90" samplerate="16000" channel="0"
               type="wav" compressed="base64Binary">...</sig>
          <pm> ... </pm>
        </phonem>
        <phonem attrib=";*" value="A:">
          <sig id="1474-w0-s0-p1" length_ms="180" samplerate="16000" channel="0"
               type="wav" compressed="base64Binary">...</sig>
          <pm> ... </pm>
        </phonem>
      </sylable>
      ...
    </word>
    <prosodic value="b"/> oder <prosodic value="BB"/>
      <word string="budget">
        <sylable string="bud" prosodic="&#34">
          ...
          <phonem attrib=";*;+1" value="V">
            <sig id="1474-w1-s0-p1" length_ms="150" samplerate="16000" channel="0"
                 type="wav" compressed="base64Binary">...</sig>
            <pm> ... </pm>
          </phonem>
      ...
    <sign value="."/>
  </voice>
</prophano>
```

Eine Besonderheit der Sprachverarbeitung ist die Möglichkeit, ein Aussprachewörterbuch auf den erfassten Sprachdaten zu erstellen. Entsprechend W3C-Empfehlung wird dazu die *Pronunciation Lexicon Specification* verwendet. Diese verlangt für die Verarbeitung mittels PLS-Prozessoren die Unterstützung des *IPA*-Alphabetes, welches aber zu Gunsten einer einfacher zu verarbeitenden *X-SAMPA*-Notation und damit ASCII-Darstellung nicht unterstützt wird. Die Phonemsymbolik nach *eXtended Speech Assessment Methods Phonetic Alphabet* [Wel97] wurde um die beiden Elemente

- l= (addle, "{d l=)
- n= (admission, @dm"ISn=)

ergänzt. Ein Eintrag im Ausspracheworterbuch selbst hat folgende Struktur:

```
<?xml version="1.0" encoding="UTF-8"?>
<lexicon version="1.0" alphabet="x-sampa" xml:lang="de-DE">
  <lexeme>
    <grapheme>Hand</grapheme>
    <phoneme>hant</phoneme>
  </lexeme>
  <lexeme>
    <grapheme>...
  ...
</lexicon>
```

Aussprachevarianten können als zusätzliche <phoneme>-Beschreibung innerhalb des <lexeme>-Tags plaziert werden.

4.3.2 Nichtsprachliche akustische Signale

Aus dem Spezialfall *akustisches Sprachsignal* lässt sich der allgemeinere Fall des *akustischen Signals* bzw. eines *Beschreibungs-/Annotationssystems für akustische Signale* konstruieren. Die Beschreibung akustischer Signale folgt dem PROPHANO-Paradigma und beschreibt Signale durch verschiedene Beschreibungsebenen. Auf oberster Ebene wird ein Signal durch den Tag <acousig> (von engl. *acoustic signal*) und das Attribut id="signal-id" eindeutig erfasst. Die ID darf in der gesamten Datenbasis nur einmalig vorhanden sein und sollte möglichst aussagekräftig gewählt werden. Hier die weiteren Ebenen in DTD-Notation:

Listing 4.3: Strukturbeschreibung eines akustischen Signals mittels DTD (Datei: acousig.dtd)

```
<?xml version="1.0" encoding="UTF-8"?>
<!ELEMENT acousig      (description?, conditions?, instance*)>
<!ELEMENT instance     (description?, conditions?, event*, nll*)>
<!ELEMENT event        (description?, (phase+ | sig+), nll*)>
<!ELEMENT phase        (description?, sig+)>
<!ELEMENT sig          ((#CDATA| sample*)>
<!ELEMENT sample       (#NUMBER)>
<!ELEMENT description  (#PCDATA)>
<!ELEMENT condition    (#PCDATA)>
<!ELEMENT nll          (#NUMBER)>
<!ATTLIST acousig       id       ID    #REQUIRED
                        lang     CDATA #REQUIRED
                        version  CDATA #REQUIRED
                        date     CDATA #REQUIRED
                        time     CDATA #REQUIRED
                        hash     CDATA #IMPLIED>
```

```
<!ATTLIST instance    id          ID      #REQUIRED
                      class       CDATA   #IMPLIED
                      hash        CDATA   #IMPLIED>
<!ATTLIST event       id          ID      #REQUIRED
                      class       CDATA   #IMPLIED
                      disturbed   NUMBER  #IMPLIED
                      hash        CDATA   #IMPLIED>
<!ATTLIST phase       id          ID      #REQUIRED
                      class       CDATA   #IMPLIED
                      disturbed   NUMBER  #IMPLIED
                      hash        CDATA   #IMPLIED>
<!ATTLIST sig         id          ID      #REQUIRED
                      length_ms   NUMBER  #REQUIRED
                      samplerate  NUMBER  #REQUIRED
                      channel     NUMBER  #REQUIRED
                      type        CDATA   ("wav"|"mp3"|"pcm_short"|"pcm_double")
                      compressed  CDATA   ("base64Binary"|"non")
                      hash        CDATA   #IMPLIED>
<!ATTLIST sample      index       NUMBER  #REQUIRED>
<!ATTLIST description id          ID      #REQUIRED
                      hash        CDATA   #IMPLIED>
<!ATTLIST condition   id          ID      #REQUIRED
                      hash        CDATA   #IMPLIED>
<!ATTLIST nll         id          ID      #REQUIRED
                      model       ID      #REQUIRED
                      hash        CDATA   #IMPLIED>
```

Aus einem konkreten akustischen Signal ergibt sich mit dieser DTD folgendes XML-Dokument:

Listing 4.4: Akustisches Signal als XML-Dokument (Datei: 1438.xml)

```
<?xml version="1.0" encoding="UTF-8"?>
<!DOCTYPE acousig SYSTEM "acousig.dtd">
<acousig id="1438" lang="en-GB" version="0.1" date="24.10.2012" time="08:15:43">
  <condition  id="1438-c0">Aufnahme mit Prototyp.</conditions>
  <description id="1438-d0">Eine allgemeine Beschreibung.</description>
  <instance id="1438-i0" class="">
    <event id="1438-i0-e0" class="IMPULSE">
      <phase id="1438-i0-e0-p0" class="IMPULSE_START">
        <description id="1438-i0-e0-p0-d0">Der Anfang eines Impulses.</description>
        <sig id="1438-i0-e0-p0-s0" length_ms="8" samplerate="625000" channel="0"
             type="pcm_short" compressed="base64Binary">...</sig>
        <sig id="1438-i0-e0-p0-s0" length_ms="8" samplerate="625000" channel="1"
             type="pcm_short" compressed="base64Binary">...</sig>
      </phase>
      <phase id="1438-i0-e0-p1" class="IMPULSE_ENDE">
        <sig id="1438-i0-e0-p1-s0" length_ms="16" samplerate="625000" channel="0"
             type="pcm_short" compressed="base64Binary">...</sig>
        <sig id="1438-i0-e0-p1-s0" length_ms="16" samplerate="625000" channel="1"
             type="pcm_short" compressed="base64Binary">...</sig>
      </phase>
    </event>
    <event id="1438-i0-e1" class="PAUSE">
      <description id="1438-i0-e1-d0">Die Pause nach dem Impuls.</description>
      <sig id="1438-i0-e1-s0" length_ms="78.125" samplerate="625000" channel="0"
           type="pcm_short" compressed="base64Binary">...</sig>
      <sig id="1438-i0-e1-s1" length_ms="78.125" samplerate="625000" channel="1"
           type="pcm_short" compressed="base64Binary">...</sig>
    </event>
  </instance>
  <instance id="1438-i1>
    <description id="1438-i1-d0">Jetzt kommt eine weitere Instanz.</description>
    ...
  </instance>
</acousig>
```

4.4 Datenvisualisierung

Durch die Verwendung der Auszeichungssprache XML können die Daten automatisiert für die Visualisierung und manuelle Korrektur aufbereitet werden. Im einfachsten Fall ist es die reine Darstellung in einem Browser, wo mittels xHTML und skalierbarer Vektorgrafiken (SVG) die Darstellung der akustischen Signale mit Annotationen erfolgt und durch einfaches Auswählen in eine tiefere Annotationsebene gewechselt werden kann (Beispiel für ein Sprachsignal Abbildung 16). Ist die Korrektur der Annotationen notwendig, kann durch interaktives SVG, ECMAScript oder die Hinzunahme von Java Applets die Bearbeitung ebenfalls direkt im Browser ablaufen. Damit bietet die Anwendung von Auszeichungssprachen und die Trennung von Daten und Darstellung bei der Erstellung von akustischen Datenbasen die Möglichkeit, ohne Spezialsoftware Korrekturen an den Annotationen vorzunehmen. Eine Technik

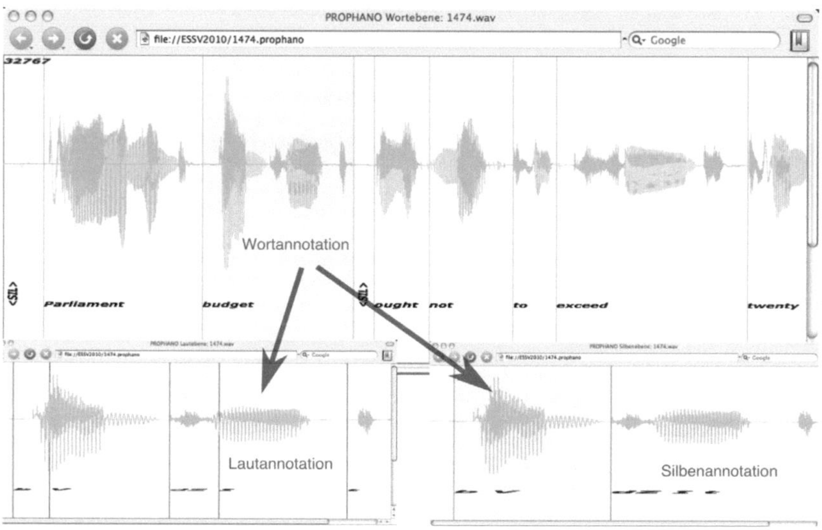

Abbildung 16: Darstellung und Auswahl der Annotationsebene direkt im Browser (SVG-Grafiken).

zur Transformation der strukturierten Daten in eine Zielstruktur wie HTML, xHTML, WML, VoiceXML, ACSII, PDF usw. sind die *Extensible Stylesheet Language Transformations (XSLT)*, die hier in der aktuellen Version 2.0 [Kay11] verwendet werden. Eine wichtige Rolle spielt XSLT vor allem für den plattformunabhängigen Datenaustausch zwischen heterogenen Anwendungen. Hier werden die in XML repräsentierten Daten einer Anwendung mittels XSLT auf die Datenstruktur der Zielanwendung abgebildet. Wie bei XML ist die Programmierung in einem beliebigen Editor und das Testen in einem aktuellen Internetbrowser möglich. Der große Vorteil von XSLT liegt in der Möglichkeit, aus einer Quellstruktur eine völlig andere Zielstruktur zu generieren. So können bestimmte Daten aus der Quellstruktur gezielt herausgefiltert und in der Zielstruktur dargestellt werden. So ist es beispielsweise möglich, alle Signalereignisse (<event>) die der Klasse \ lstinline [language=XML]{IMPULSE angehören, aus einem Dokument der akustischen Datenbasis zu extrahieren. Da die zugehörigen akustischen Signale den Elementen untergeordnet sind, werden die akustischen Signaldaten mit bereitgestellt. Dazu ist die Technologie *XPath* (engl. *XML Path Language*) notwendig, welche zur Ansteuerung der Elemente notwendig ist. Sie ist bereits in vielen XSLT unterstützenden Browsern integriert.

Das folgende Quellcodebeispiel zeigt einen Ausschnitt der XSLT-Datei, die aus einem XML-Dokument der entworfenen akustischen Datenbasis die akustischen Signale extrahiert und als SVG-Grafik für die Darstellung im Internetbrowser aufbereitet. Die mit <xsl: eingeleiten Elemente dienen der Datenaufbereitung, während die restlichen Elemente direkt in das Ausgabedokument geschrieben werden. Das Ergebnis der Transformation ist in Abbildung 17 dargestellt.

Listing 4.5: Auszug einer XSLT-Datei zur Generierung einer SVG-Grafik der akustischen Signale eines XML-Dokuments der akustischen Datenbasis.

```
...
<svg xmlns="http://www.w3.org/2000/svg" version="1.1" ...>
  <style type="text/css">
    <![CDATA[.SignalPath { fill:none; stroke:red; stroke-width:40 }]]>
  </style>
  <xsl:element name="path">
    <xsl:attribute name="class">SignalPath</xsl:attribute>
    <xsl:attribute name="d"> M0,33010
      <xsl:for-each select="sample">
        L<xsl:value-of select="position()"/>,<xsl:value-of select="33010 + ."/>
      </xsl:for-each>
    </xsl:attribute>
  </xsl:element>
</svg>
...
```

4.5 Speicherbedarf

Der größte Nachteil der XML-Datenhaltung ist der immense Speicherplatzbedarf der Daten im Vergleich zu binär abgespeicherten Daten. Ein zweikanaliges Musiksignal (44,1 kHz mit 16 Bit pro Abtastwert mit einer Länge von 324,597 Sekunden (14.314.752 Abtastwerte) besitzt im Microsoft Wave-Format einschließlich Dateiheader eine Größe von 57.261.814 Byte bzw. rund 54,61 MB (MegaByte). Diese Datei, als Signalinstanz des dLabPro im XML-Format unkomprimiert abgespeichert, benötigt das 17-fache, also 977.129.387 Byte bzw. 931,86 MB. Um diese Datenmenge wieder zu reduzieren, kann eine ZIP-Komprimierung auf das XML-Dokument angewandt werden. Dadurch reduziert sich die Dateigröße auf 99.779.087 Byte bzw. 95,16 MB, was dem 1,74-fachen der originalen Wave-Datei entspricht. Diese Verdoppelung ist akzeptabel.

Die Speicherung komprimierter Dateien hebelt die Forderung nach direkter Lesbarkeit der Daten bzw. Datenstrukturen durch den Benutzer aus. Um dieses Problem zu umgehen, und dem Benutzer einen komfortablen Zugriff auf die Signaldateien zu ermögli-

Abbildung 17: Ergebnis einer XSL-Transformation (SVG-Grafiken).

chen, ist ein Web-Server mit Zugriff auf den Dateiserver der Signaldateien einzusetzen. Liefert der Web-Server einem anfragenden Klienten eine Datei aus, so teilt der Server dem Klienten zusätzlich die eingesetzte Verschlüsselung mit. Bei Verwendung der weitverbreiteten Zip-Komprimierung erfolgt die Mitteilung durch *content-encoding: gzip*. Der Klient wird darauf reagieren und die Dekomprimierung einleiten. Dies ist ein gängiges Verfahren beim Austausch von Daten im Internet. Ist der anfragende Klient ein Internetbrowser, wird ohne Zutun des Benutzers die Datei dekomprimiert und auf dem Bildschirm bzw. Ausgabegerät ausgegeben. Sollte der anfragende Klient wider Erwarten keine komprimierten Daten verarbeiten können, besteht die Möglichkeit, die Daten vor dem Senden zu dekomprimieren und dann zu versenden. Da sich dadurch der Datenverkehr unnötig erhöht, ist in Abhängigkeit von der Größe der Dateien der Datenbasis zu entscheiden, ob die Bereitstellung tragbar ist. Steht ein leistungsstarker Web-Server mit genügend Speicherplatz zur Verfügung, ist es denkbar, die Datenbasen unkomprimiert zu halten und bei Anfrage vor dem Versenden die Komprimierung durchzuführen, wenn dies der anfragende Klient unterstützt. Es wird von vorkomprimierten Daten und Klienten mit Kompressionsunterstützung ausgegangen.

Kapitel 5

Experimentiersystem

5.1 Systemansatz

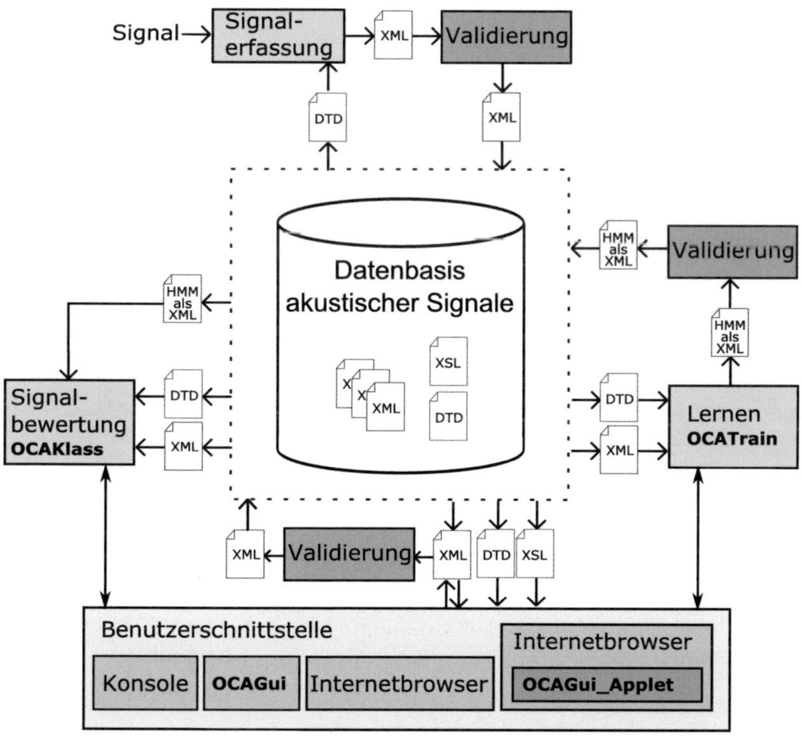

Abbildung 18: Schematische Darstellung des Experimentiersystems *OneClassAssessment*.

Die in Kapitel 3 vorgestellten stochastischen Klassifikatoren mit HM-Modellen finden vor allem in der Erkennung gesprochener Sprache Anwendung. Dabei ist die Verwendung der akustischen Vektorfolgenklassifikation Voraussetzung für die erzielbare Leistungsfähigkeit von Spracherkennungssystemen. Das UASR-System [HEWW03] ermöglicht neben der Folgenklassifikation auch die Vektorklassifikation mittels GM-Modellen. Das System konnte bereits mehrfach zeigen (z. B. [WWH08] oder [Tsc11]), dass Sprachsignale, technische Signale oder s.g. Biosignale Gemeinsamkeiten aufweisen, die die Nutzung der selben Technologie rechtfertigen. Das in dieser Arbeit vorgestellte System basiert auf Komponenten des UASR-Systems, wurde aber als eigenständiges System aus dem UASR herausgelöst und an die Bedürfnisse der in Kapitel 4 dargestellten Datenbasis mit strukturierten Daten angepasst. Die schematische Struktur des Systems ist in Abbildung 18 dargestellt. Das System besteht aus den fünf Hauptkomponenten

- Lernen (OCATrain),
- Bewertung (OCAKlass),
- Darstellung (OCAGui),
- Speicherung (Datenbasis),
- Transformtion (XSL-Transformations).

Der komplette Systemansatz trägt den Namen *OneClassAssessment* (kurz OCA, dt. Ein-Klassen-Bewertung). Die Klassifikationstechnologie entstammt in Teilen dem UASR-System [HEWW03], wurde aber für die Signalbewertung mit einer Klasse angepasst. Die Ablaufsteuerung und Schnittstellenzugriffe sind Neuentwicklungen. Die Signalanalyse erfolgt mit einer angepassten Kurzzeitspektralanalyse nach Abschnitt 2. Die im UASR-System vorhandenen Signalanalyseverfahren (z. B. FTT, Wavelet, LPC, LSF) lassen sich ebenfalls in das System aufnehmen. Um das OCA-System möglichst einfach zu halten, ist in der Grundkonfiguration nur die Kurzzeitspektralanalyse integriert. Werden andere Analyseverfahren benötigt, wird für jedes Verfahren eine neue Programmvariante kompiliert und namentlich kenntlich gemacht (z. B. OCATrain_FTT und OCAKlass_FTT für die FOURIER-Time-Transformation [Ter85]). Das vorgestellte System verwendet nur die Kurzzeitspektralanalyse und kann so mit einem sehr geringen Parametrisierungsaufwand auskommen, der in den durchgeführten Experimente in Kapitel 6 bzw. 7 sichtbar wird. Die in Abschnitt 2 beschriebenen Varianten der Kurzzeitspektralanalyse mit gehörrichtiger oder ungleichmäßiger Einteilung des betrachteten Spektralbereichs sind beide integriert. Die Reduzierung der Dimension der Merkmalvektoren kann durch die Zusammenfassung benachbarter Spektralkoeffizienten erfolgen. Eine Reduzierung auf die enthaltenen Hauptkomponenten wird in jedem Fall mittels der Hauptkomponentenanalyse entsprechend Abschnitt 2 durchgeführt.

Im Folgenden wird die Funktionsweise des Systems beschrieben. Die Komponenten *Speicherung (Datenbasis)* und *Transformation (XSL-Transformations)* sind bereits im Kapitel 4 beschrieben und werden bei den folgenden Betrachtungen ausgelassen.

5.2 Lernen (OCATrain)

Unter „Lernen“ wird das Erstellen und Parametrisieren des statistischen Signalmodells verstanden. Dazu ist eine Lernstichprobe mit Instanzen der zu modellierenden Klasse notwendig. Alle Instanzen, die dem System in dieser Phase angeboten werden, leisten einen Betrag zu den ermittelten Verteilungsdichtefunktionen der Merkmalvektoren.

Die Merkmalvektoren $\vec{o}$ oder Folgen von Merkmalvektoren $\vec{\mathbf{o}}$ werden in der vorausgegangenen Signalanalyse gewonnen. Ihre Dimension und die frei wählbare Anzahl der HMM-Zustände ergibt die Anzahl der zu schätzenden GMM- bzw. HMM-Parameter. Die Parameterschätzung erfolgt mittels des in Abschnitt 3.2 bzw. 3.2 beschriebenen iterativen EM- bzw. BAUM-WELCH-Algorithmus.

OCATrain ist eine in der Programmiersprache ANSI C++ formulierte Konsolenanwendung. Das Lernen wird durch den Anwendungstart mit den Parametern

- Konfigurationsdatei
- Dateiliste mit den Lernstichprobenelementen

begonnen. Mehr ist nicht notwendig. Wurde eine Lernstichprobe mit sehr vielen Elementen angegeben (> 1000), erzeugt das Programm zwei zufällige, disjunkte Stichproben. Die neue Lernstichprobe enthält dann nur noch 80 % der Elemente. Die restlichen 20 % sind eine Teststichprobe.

Als Ergebnis liefert *OCATrain* ein Signalgenerierungsmodell (HM-Modell) mit eindeutiger Identifikationsnummer, dem die eindeutige ID vom verwendeten *OCATrain* und die verwendete Konfiguration beigefügt sind. Dies ist möglich, da auch das HM-Modell eine formal beschreibbare innere Struktur besitzt, welche um beliebige Elemente erweitert und als XML-Dokument abgespeichert werden kann. Die formale Gültigkeit der XML-Dokumentenstruktur kann aber nur begrenzt überprüft werden, da sie vom bestehenden UASR-System übernommen wurde und keine DTD vorhanden ist.

Das erstellte HM-Modell lässt noch keine Ähnlichkeitsaussagen zu. Deshalb wird im Anschluss an die Lernphase mit den Merkmalvektor(folg)en der Lernstichprobe eine Signalbewertung mit *OCAKlass* durchgeführt. Für die Ergebnisse wird die Standardabweichung, der Standardfehler, der kleinste und größte Wert bestimmt, ausgewertet und im Modell abgespeichert. Wenn es eine Teststichprobe gibt, so werden die genannten Größen auch für diese erhoben und abgespeichert. Die Werte dienen der Berechnung der Schwellwerte, ab denen eine unbekannte Instanz als ähnlich bzw. unähnlich gilt. Als praxisrelevante Werte haben sich das $0,05$ und $0,95$ Quantil herausgestellt. Diese Werte sind Vorschläge vom System und müssen vom Benutzer überprüft werden. Ebenso muss der Benutzer das geschätzte Modell überprüfen, wenn die Standardfehler $> 10\,\%$ sind. Dieser Wert wurde empirisch mit den Experimenten der folgenden Kapitel ermittelt. Auch die genannten Werte werden im HM-Modell abgespeichert.

Die Überprüfung des Modells ist bei Benutzung der grafischen Benutzerschnittstelle *OCAGui* intuitiv, da die Ergebnisanzeige in Form eines Histogrammes erfolgt und als Ansatzpunkt für eine Ausreißeranalyse der verwendeten Lernstichprobe dienen kann. Das von *OCAGui* erzeugte Histogramm in Abbildung 19 zeigt rechts einen Ausreißer. Dieser kann direkt ausgewählt und separat untersucht werden, da alle Punkte im Histogramm Objekte präsentieren, die den Lernstichprobenelementen zugeordnet sind. Das Auswählen veranlasst die Darstellung des entsprechenden XML-Dokumentes im Internetbrowser des System. Dazu werden die Daten mittels XSL-Transformation in eine grafische Repräsentation gebracht. So ist es meist sehr einfach möglich, Störungen im Zeitsignal zu entdecken. Mit Hilfe eines XML-Editors kann diese Instanz als gestört

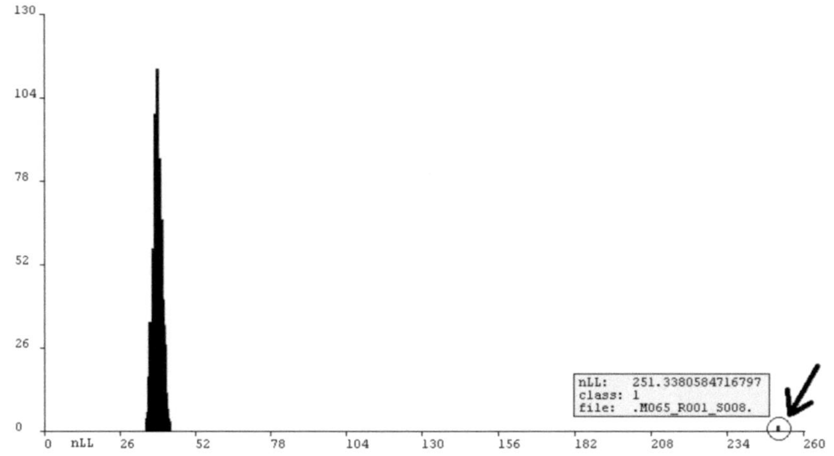

Abbildung 19: Signalbewertung eines erlernten Signalmodells mit der für das Lernen verwendeten Lernstichprobe. Der eingezeichnete Pfeil kennzeichnet die Position eines Ausreißers, dessen eingeblendete Infobox den genauen nLL-Wert zeigt.

markiert werden, wonach sie nicht mehr für das Lernen und Testen verwendet wird. Der notwendige Eintrag erfolgt im Attribut des *event*-Elements. Für den in Abbildung 19 dargestellten Ausreißer lautet der Eintrag

<event id="M065_R001_S008−i0−e0"class="NEW"disturbed="1">.

Folgend ist der Auszug aus der zugehörigen Datei dargestellt.

Listing 5.1: Akustisches Signal als XML-Dokument

```
<?xml version="1.0" encoding="UTF-8"?>
<!DOCTYPE acousig SYSTEM "acousig.dtd">
<acousig id="M065_R001_S008" lang="en-GB" version="0.1" date="24.10.2012"
 time="08:15:43">
  <conditions id="M065_R001_S008-c0">Prototypsensor</conditions>
  <description id="M065_R001_S008-d0">Aufnahme einer neuen Oberwalze.</description>
  <instance id="M065_R001_S008-i0" class="NEW">
    <event id="M065_R001_S008-i0-e0" class="" disturbed="1">
        <description id="M065_R001_S008-i0-e0-p0-d0"/></description>
        <sig id="M065_R001_S008-i0-e0-p0-s0" length_ms="8" samplerate="625000"
          channel="0" type="pcm_short" compressed="base64Binary">...</sig>
    </event>
        <nll id="M065_R001_S008-n0" model="hmm_20120124191202">
      251.3380584716797
    </nll>
  </instance>
</acousig>
```

Eine besondere Beachtung im dargestellten XML-Code verlangt die Zeile

<nll id="" model="hmm_20120124191202">251.3380584716797</nll>,

da sie die Signalbewertung mit dem erlernten Modell enthält. Gibt es das Modell im System nicht mehr, wird bei einer Überprüfung der Eintrag gelöscht.

Eine sich aus der Verwendung strukturierter Daten ergebende Möglichkeit ist es, nur bestimmte Instanzen oder akustische Ereignisse aus den XML-Dokumenten bzw. der akustischen Datenbasis zu extrahieren. Im Bereich der Sprachsignalverarbeitung kann die Notwendigkeit dieser Möglichkeit mit dem bereits eingeführten Beispiel „Sprache“ verdeutlicht werden. Besitzt die akustische Datenbasis viele Instanzen dieses Wortes, ist die Erstellung eines Wortmodells *SPRACHE* denkbar. Dieses Modell kann zum sogenannten *word spotting* (dt. Erkennung von bestimmten Worten in Sprache [HR92]) eingesetzt werden. Eine Anfrage an die Datenbasis kann ein Dokument erzeugen, in dem alle in der annotierten Datenbasis vorhandenen Instanzen enthalten sind. Dabei wird nicht nur das Audiosignal bereitgestellt, sondern das gesamte Element <word ..> einschließlich aller enthaltenen Unterelemente bzw. Informationen (z. B. die Silben, Laute, Akzentinformation). Werden nur bestimmte Laute (z. B. *a:*) benötigt, ist dies entsprechend möglich.

Bei technischen Signalen ist auf diese Weise die Bereitstellung aller Instanzen einer Klasse *NEW* denkbar, wenn das obige Listing betrachtet wird. Im Ergebnis werden alle vorhanden Elemente <instance .. > zurückgegeben.

5.3 Bewertung (OCAKlass)

Das Signalbewertungsprogramm *OCAKlass* ist die Anwendung zur automatischen Signalbewertung auf Grundlage von zuvor erstellten Signalmodellen für eine Signalklasse. Der der Anwendung zugrundeliegende Quellcode ist ebenfalls konform zur Programmiersprache ANSI C++. Die Anwendung ist für mobile Endgeräte konzipiert, kann aber mit entsprechender Kompilierung auf sehr vielen Hardwareplattformen bzw. Betriebssystemen ausgeführt werden. Sie ist eine reine Konsolenanwendung ohne grafische Benutzeroberfläche. Die Kommunikation mit dem Benutzer oder einer anderen Anwendung erfolgt in textbasierter Form über die Standard-Datenströme für Eingaben (z. B. Tastatur), Standardausgaben (z. B. Bildschirm) und Standardfehlerausgabe (z. B. Bildschirm).

Zur Festlegung der auszutauschenden Daten zwischen Benutzer und Programm dient das in Abbdildung 20 dargestellt Zustandsdiagramm. Aus dem Zustandsdiagramm können auf einen Blick alle erlaubten Zustände bzw. die Zustandsübergänge der Bewertungssoftware abgelesen werden, und es sind so auch die möglichen Befehle

-quit	(Sitzung beenden),
-model <Modell-ID>	(Signalmodell laden),
-classify <Dateiname>	(Signal laden und bewerten)

für das Auslösen einer Aktion zusammenfassend dargestellt.

Nach dem Start und erfolgreicher Initialisierung der Bewertungssoftware nimmt die Software einen Bereitschaftszustand ein und wird ab da an durch Befehle über ihre Standardeingabe gesteuert. Bei den Ausschriften über Standardausgabe und -fehler wird zwischen zwei Informationstypen unterschieden. Der erste Typ beinhaltet allgemeine Informationen, die nur informativen Charakter besitzen. Der zweite Typ bein-

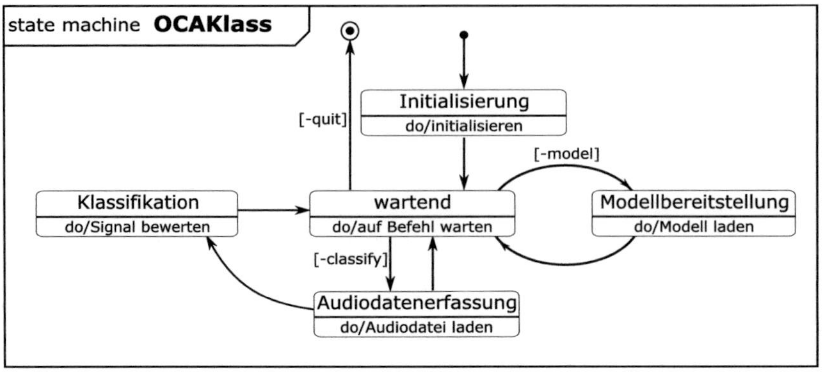

Abbildung 20: Zustandsdiagramm des Klassifikators.

haltet all die Informationen, die von der Darstellungssoftware zu verarbeiten sind. Sie werden mit zwei Schrägstrichen (//) eingeleitet und reichen bis zum Zeilenabschlusszeichen. Damit Warnungen, Fehler usw. unterschieden werden können, verwendet die Software für Warnungen die Form //warning// bzw. für Fehler *//error//*. Meldungen mit positivem Charakter und Statusmeldungen werden einfach mit // eingeleitet. Durch die Speicherung der Kommunikationsströme ist eine einfache Protokollierung möglich.

Als Ergebnis (*//result//*) liefert die Klassifikation einen Fehler oder den Wert der akustischen Bewertung. Der Schwellwert für die Klassenähnlichkeit wird dem Modell entnommen. Eine mögliche Kommunikation hat folgende Gestalt

Listing 5.2: Beispiel für die Ausgabe der Signalbewertung mit *OCAKlass*

```
Loading configuration file ... ok!
// Loaded configuration file: J:/diss.cfg
Initialising signal processing ... ok!
-model 3
Loading model definition ... ok!
// Loaded model: J:/diss/model/3.hmm
-classify J:/diss/signal/M038_R000_S000.wav
Start classifying 1 file (//result// filename nLL) ...
//result// J:/diss/signal/M038_R000_S000.wav 52.948691
//threshold// 53.202345
```

Die Betrachtung der Systemausgaben zeigt, dass das System als Ergebnis einen Zahlenwert nLL zurückgibt. Dies ist das in Kapitel 3 definierte Ähnlichkeitsmaß *negative logarithmic likelihood*. Für dessen Berechnung wird aus dem zu bewertenden akustischen Signal die Merkmalvektorfolge $\vec{\mathbf{o}} = (\vec{o}_1, ..., \vec{o}_L)$ mit N-dimensionalen Merkmalvektoren bestimmt und ein GM- bzw. HM-Modell $\mathscr{H}$ benötigt. Die Berechnung von nLL folgt der Gleichung

$$\text{nLL} = -\ln(p(\vec{\mathbf{o}}|\mathscr{H})) \tag{65}$$

mit

$$p(\vec{\mathbf{o}}|\mathscr{H}) = \sum_{U \in \mathscr{U}^L} \left(\prod_{u_l \in U} P(u_l) \cdot p(\vec{o}_l|G) \right) \tag{66}$$

und

$$p(\vec{o}|G) = \sum_{m=1}^{M} \frac{\lambda_m}{(2\pi)^{\frac{N}{2}} |\Sigma_m|^{\frac{1}{2}}} e^{-\frac{1}{2}(\vec{o}-\vec{\mu}_m)^T \Sigma_m^{-1} (\vec{o}-\vec{\mu}_m)}, \tag{67}$$

wobei $\mathscr{U}^L$ die Menge aller konstruierbaren Pfade U der Länge $|U| = L$ durch das HMM ist und $P(u_l)$ die Wahrscheinlichkeit des Zustandsüberganges u_l vom einem HMM-Zustand zu einem andern Zustand angibt. G beschreibt eine GAUSSsche Mischverteilungsdichtefunktion, die aus M N-dimensionalen Normalverteilungsdichtefunktionen besteht. Jede Normalverteilungsdichtefunktion $m \in M$ wird durch den Mittelwertvektor $\vec{\mu}_m$ und die Kovarianzmatrix Σ_m beschrieben.

5.4 Darstellung (OCAGui)

Zur komfortablen Bedienung von *OCATrain* und *OCAKlass* wurde die javabasierte, grafische Benutzerschnittstelle *OCAGui* nach Abbildung 22 aufgesetzt. Die Kommunikation zwischen *OCAGui* und der Signalbewertungssoftware *OCAKlass* wird über Standardeingabe, -ausgabe und -fehler realisiert. Die zugehörigen Prozesse sind über gepufferte Datenkänale, den sogenannten *Pipes* (dt. *Röhren*), verbunden. Abbildung 21 zeigt die notwendigen Kommunikationswege, von Seiten der Signalbewertung aus betrachtet.

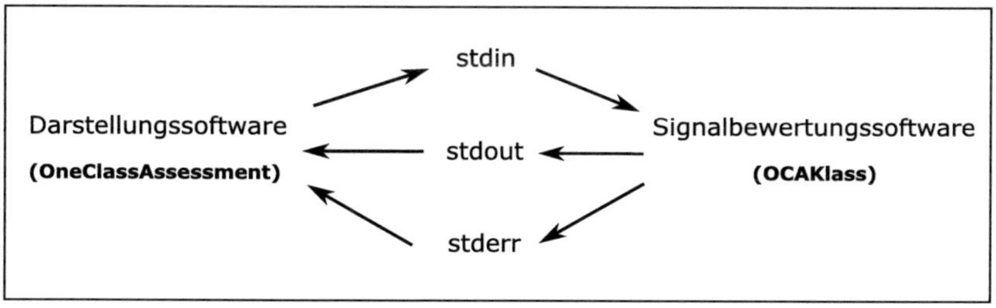

Abbildung 21: Schema der Kommunikation zwischen Darstellungssoftware und Signalbewertungssoftware über gepufferte Datenströme.

Wichtigster Vorteil der grafischen Interaktion mit dem Benutzer ist die leichte Erstellung von Lern- und Teststichprobe. Die Auswahl der Dateien erfolgt einfach durch Markieren in einem Auswahldialog, wie in Abbildung 23 dargestellt. Es können ganze Verzeichnisse oder einzelne Dateien in Verzeichnissen ausgewählt werden. Alle ausgewählten Dateien werden für das Anlernen eines Signalmodells verwendet. Sollten Dateien mit strukturiertem Dateninhalt ausgewählt werden, so wird versucht, eventuell in den Daten enthaltene Klassen getrennt anzulernen. Dies ist eine zuschaltbare Option, die standardmäßig deaktiviert ist. Werden Instanzen verschiedener Klassen detektiert, wird der Benutzer nach der anzulernenden Klasse gefragt.

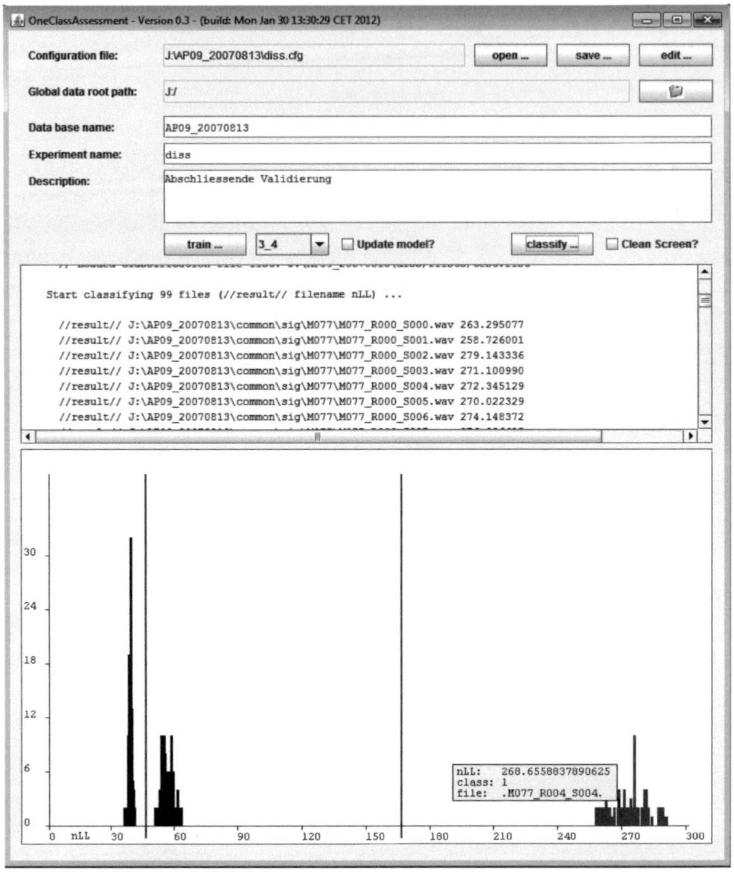

Abbildung 22: Grafische Benutzerschnittstelle *OCAGui*.

Nachdem die zu verarbeitenden Dateien ausgewählt wurden, versucht das System 20 % der enthaltenen Signalinstanzen für einen Test des Systems nach der durchgeführten Lernphase zu separieren. Dies wird allerdings nur dann automatisch durchgeführt, wenn genügend viele Instanzen in den ausgewählt Dateien vorhanden sind. Als Schwellwert wurden 100 Instanzen festgelegt. Bei weniger Instanzen wird der Benutzer aufgefordert, die Dateien für den Test auszuwählen.

Jedes angelernte Signalmodell erhält eine Identifikationsnummer. Wird eine Signalinstanz bewertet, so kann das Ergebnis der Signalbewertung zusammen mit dieser ID abgespeichert werden. Da die Signalbewertung natürlich ein Merkmal der Instanz ist, wird sie in der entsprechenden XML-Datei abgelegt. Ergebnisse mit anderen Signalmodellen können entsprechend abgelegt werden. Beim Einsatz mehrerer, parallel arbeitender Bewertungssyteme muss sichergestellt werden, dass es beim Schreiben der Ergebnisse nicht zu Kollisionen kommt. Der Einsatz atomarer Schreiboperationen ist hier unum-

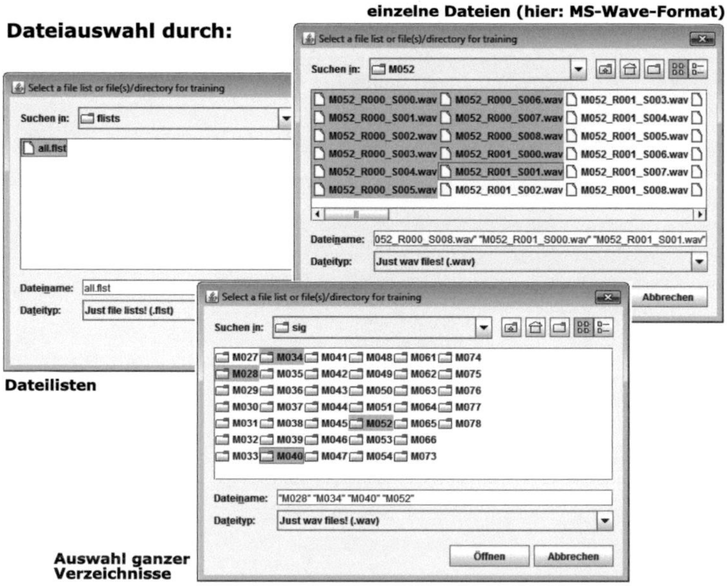

Abbildung 23: Möglichkeiten der Auswahl von Lern- bzw. Teststichproben mit *OCAGui*.

gänglich, d. h. es werden alle mit dem Schreiben der Datei verbundenen Operation als eine logische Einheit betrachtet und erst nach positiver Beendigung aller Operationen gilt das Schreiben als abgeschlossen. Eine einfache Realisierungsmöglichkeit bietet die Verwendung von Dateisperren. Diese werden zu Beginn der Schreiboperation auf die Datei gesetzt, und die Datei ist dann bis zur Beendigung aller Lese- und Schreibzugriffe durch den aufrufenden Prozess blockiert. Es ist bekannt, dass es bei der Verwendung von Dateisperren zum gegenseitigen Blockieren (engl. *deadlock*) kommen kann [Tan09].

Klient-Server-Architektur

Die verwendete Programmiersprache ist *Java*. Dies sichert die Möglichkeit, die Anwendung in eine Internetseite als Java-Applet zu integrieren oder als Web-Anwendung für Arbeitsplatzrechner und mobile Geräte anzubieten. Dadurch wird das lokale Vorhandensein der Anwendungen obsolet und es entsteht eine Klient-Server-Architektur. Der Klient dient der Aufnahme von Signalen, Übermittlung der Daten an den Server und Ausgabe der Antwort. Auf dem Server nimmt eine Anwendung die Daten entgegen, pflegt sie in eine akustische Datenbasis ein, gibt sie an die Signalbewertungssoftware weiter und übermittelt das Ergebnis zurück an den Klienten.

Kapitel 6

Zustandsüberwachung beweglicher Arbeitsorgane an Textilmaschinen

6.1 Problemstellung

Die aurale Beurteilung der Arbeitsgeräusche von Maschinen ist ein praktiziertes Verfahren zur Erkennung von Bauteilbeschädigungen. Vergleichsgrundlage bilden die Geräuschkulissen der fehlerfreien Maschine bzw. typischer Fehlerbilder, die ein erfahrener Maschinenführer während der Maschinenlaufzeit erlernt und als Referenzwissen für die Bewertung des aktuellen Maschinenzustand nutzt. Nachteil der subjektiven Beurteilung stellt die erst im fortgeschrittenen Beschädigungsstadium erfolgende Erkennung und die damit verbundene, kurze Reaktionszeit auf drohenden Ausfall betroffener Bauteile dar.

Da der fortschreitende Verschleiß beweglicher Arbeitsorgane einer Maschine in unmittelbaren Zusammenhang mit der Qualität des produzierten Materials steht und der verschleißbedingte Ausfall gar zu Produktionsausfall führt, ist die Fehlerfrüherkennung von entscheidendem wirtschaftlichen Interesse. Dies war der Ansatz des gemeinsamen Forschungs- und Entwicklungsvorhaben *Fehlerfrüherkennung an Spinnmaschinen*[2], welches den Fokus auf Textilmaschinen legte und als Ergebnis den Prototyp eines mobilen Diagnosesystems für die objektive und frühe Erkennung von Bauteilbeschädigungen mit den Methoden der akustischen Vektorfolgenklassifikation bereitstellte [PCF$^+$09b][PCF$^+$09a][PCF$^+$08][PFC$^+$08].

Das Diagnosesystem besteht aus den drei Hauptkomponenten

- mobile Sensoreinheit (Sensor, Digitalisierung, Vorverarbeitung, Übertragung),
- mobile Diagnoseeinheit (Sensorsteuerung, Signalbewertung),
- stationäre Basisstation (Sensorsteuerung, Verwaltung und Modelltraining).

Auf Grundlage des menschlichen Vorbilds wird im entwickelten Diagnosesystem anhand typischer Merkmale ein Signalmodell der fehlerfreien Maschine erstellt und die aktuellen Situationen auf ihre Ähnlichkeit zum Modell hin untersucht. Es werden keine Signalmodelle der fehlerhaften Maschine verwendet. Grund ist der fehlende Zugriff auf akustische Signale beschädigter Bauteile bzw. die große Varianz, mit der Bauteilermüdungen akustisch auftreten. Die Herausforderung bestand somit in der praktischen

[2] Über die AiF im Rahmen des *Pro*grammes „*Inno*vationskompetenz mittelständischer Unternehmen“ des Bundesministeriums für Wirtschaft und Technologien (BMWi) gefördert (Férdernummer KF0413401WD6)

Nutzbarmachung des *Ein-Klassen*-Ansatzes mit statistischer Merkmalvektor(folgen)-klassifikation.

Starke Störgeräusche am Einsatzort der Maschine (Maschinenhalle mit verschiedenen Maschinen/-typen) erschweren den Einsatz der akustischen Vektor(folgen)klassifikation. Zur Steigerung der Analysegenauigkeit werden die Merkmale deshalb nicht nach menschlichen Vorbild auf Grundlage der Luftschallemission der Maschine ermittelt, sondern auf Grundlage der Maschinenoberflächensignale. Diese Signale werden mit einem magnetisch ankoppelbaren Körperschallsensor erfasst. Entsprechend [Wir98a][Wir98b] ist dies die beste Möglichkeit für einen geringen Eingriff in den Produktionsprozess. Die Luftschallemissionen anderer in der Maschinenhalle befindlicher Maschinen führen aber trotz der Verwendung von Körperschallsignalen zu Störsignalanteilen, da gerade die Maschinenverkleidungen durch den Luftschall zu Schwingungen angeregt werden, somit als Plattenresonatoren wirken und besonders an Reibstellen maschinenfremde Signalanteile in die Maschine einkoppeln. Weitere Störsignaleinkopplungen erfolgen über nicht entkoppelte Maschinenfundamente. Diese Störsignale können nur bei abgeschalteter Maschine erfasst und mittels Störgeräuschreduktionsverfahren (Abschnitt 2.4) in ihrer Wirkung vermindert werden. Sollte davon Gebrauch gemacht werden, wird das Verfahren zur Zustandsüberwachung in den bestehenden Wartungs- und Reinigungszyklus der Maschine integriert.

Trotz der genannten Nachteile hat die Verwendung von Körperschallsensoren den entscheidenden Vorteil, dass der Sensor meist sehr nah am zu überwachendem Bauteil platziert werden kann und so hauptsächlich dessen Schallemissionen erfasst wird. Dies ist aber keine generelle Aussage, da gerade Antriebsaggregate sehr energiereiche Schwingungen erzeugen und damit andere Schallquellen verdecken. Anders als in der Maschinendiagnose üblich, wurde vom Projektpartner *marco Systemanalyse und Entwicklung GmbH* ein spezieller Körperschallsensor ohne seismische Masse, und daraus resultierend einem sehr breiten Frequenzspektrum, entwickelt. Dieser Körperschallsensor wird über eine vom *Fraunhofer-Institut für zerstörungsfreie Prüfverfahren* entwickelte Hardware angesteuert und die gewonnenen Signale über die vom Projektpartner *XGraphic Ingenieurgesellschaft* entwickelte Funkschnittstelle an die mobile Diagnoseeinheit oder die Basisstation übertragen.

Die Erstellung einer Datenbasis mit Körperschallsignalen für die Entwicklung und Optimierung der Algorithmen zur Maschinendiagnose wurde in Zusammenarbeit mit dem *Institut für Textil- und Bekleidungstechnik* der *Technischen Universität Dresden* durchgeführt. Darauf fußend wurden Algorithmen und Verfahren zur Maschinendiagnose basierend auf Körperschallsignalen entwickelt und evaluiert. Die entstandene Diagnosesoftware umfasst die Komponenten:

- Modelltraining *SpiMaTrain*
- Signalbewertung *SpiMaKlass*

Das Modelltraining dient dem automatischen Lernen der Signalcharakteristika von Körperschallsignalen, die an definierten Messstellen an Textilmaschinen aufgezeichnet werden und der Ablage der Informationen in speziellen Strukturmodellen. Dieses Programm ist Bestandteil der Basisstation und ist für einen Personal Computer ausgelegt.

Die automatische Signalbewertung gibt Auskunft über den Verschleißzustand von Maschinenbauteilen durch den Vergleich eines aktuell aufgezeichneten Körperschallsignals mit zuvor erstellten Modellen für den fehlerfreien Zustand. Das Programm ist Bestandteil einer portablen Diagnoseeinheit (Abbildung 24), mit welcher sich eine ebenfalls mobile Sensorbaugruppe drahtlos verbindet. Die Diagnoseeinheit ist ein handelsüblicher PDA, auf welchem das Programm zur automatischen Signalbewertung abläuft und das die Ergebnisse darstellt. Abbildung 24 zeigt den schematischen Aufbau.

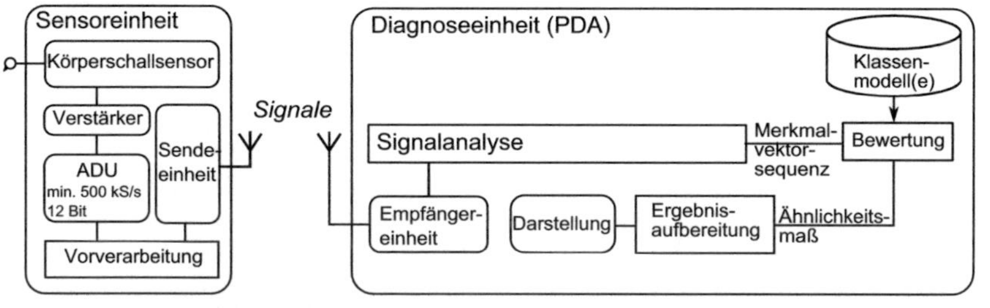

Abbildung 24: Schematische Darstellung der Sensor- und Diagnoseeinheit.

Die Bewertung der Körperschallsignale erfolgt mit den Verfahren der akustischen Vektor(folgen)klassifikation und führt zu einer objektiven Bewertung. Entscheidender Vorteil ist die Modellierung des Signals als eine zeitliche Abfolge von Ereignissen, wobei die einzelnen Ereignisse durch charakteristische Merkmale beschrieben werden. Die Merkmale eines Ereignisses werden zu Merkmalvektoren zusammengefasst, und die zeitliche Beschreibung eines Signals kann durch die Zusammenfassung dieser Merkmalvektoren zu Merkmalvektorfolgen erfolgen. Die zu typischen Signalverläufen gehörenden Merkmalvektorfolgen stellen die Grundlage zur Erstellung akustischer Klassenmodelle dar. Dabei wird auf die beschriebenen Verfahren zum automatischen Lernen von endlichen Zustandsautomaten zurückgegriffen, die Bestandteile des Dresdner UASR-Frameworks für Spracherkennung und –synthese (*Unified Approach for Speech Synthesis and Recognition* [HEWW03]) sind.

6.2 Untersuchungsgegenstand

Untersuchungsgegenstand war eine Rieter-Strecke RSB-D40 und ein stark vereinfachter Versuchsstand der Verstreckungseinheit dieses Maschinentyps. Die Verstreckungseinheit dient dem Verstrecken von Faserbändern (z. B. Baumwolle) und ist eine Vorstufe im Spinnereiprozess. Sie besteht aus 4 gummierten Oberwalzen, die auf 3 metallene Unterwalzen drücken. Dies ist ein sogenanntes 4-über-3-Verstreckungssystem [Far10]. Zwischen den Ober- und Unterwalzen wird das zu verstreckende Material befördert.

Die Unterwalzen werden angetrieben, während die Oberwalzen zum Anpressen des Materials dienen. Auf die letzte Unterwalze wirken 2 Oberwalzen, wobei der Anpressdruck der Abgangsoberwalze geringer als der der anderen Oberwalze ist [Far10]. Die Abgangsoberwalze hat die Aufgabe, das verstreckte Material in einen Ausgabetrichter zu lenken. Die Materialliefergeschwindigkeit kann bis zu 1100 m/min betragen und ist an den Abgangswalzen konstant. Zur Erzielung einer gleichbleibenden Materialqualität bzgl. Homogenität und Dicke wird die Drehzahl des ersten und zweiten Walzenpaars permanent kontrolliert und variiert. Zur Verarbeitung verschiedener Materialen gibt es für die Anpresswalzen Walzenbezüge mit verschiedenen Härtegraden.

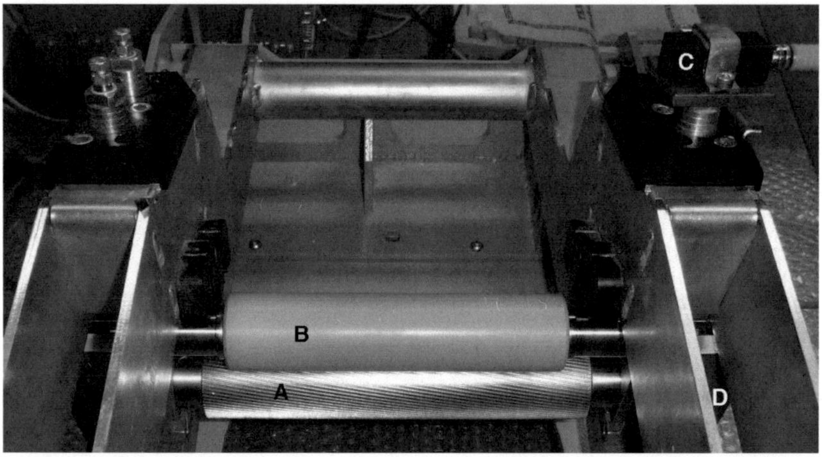

Abbildung 25: Versuchsstand einer Verstreckungsanlage textiler Materialien mit Antriebswalzen (A), gummierte Anpresswalzen (B), Körperschallsensor (C) und Unterwalzenlagerbock (D).

Infolge hoher Materialkosten und der hohen Materialliefergeschwindigkeit sind umfangreiche Experimente an einer realen Strecke mit beschädigten Bauteilen nicht zu rechtfertigen. Um eine Vergleichsgrundlage zu intakten Bauteilen zu besitzen, sind derartige Experimente aber unabdingbar. Aus diesem Grund wurde der in Abbildung 25 dargestellte vereinfachte Versuchstand von der Rieter Ingolstadt Spinnereimaschinenbau AG aufgebaut. Er besteht aus einer Antriebseinheit, der Kraftübertragung mittels Riemen und einem Walzenpaar mit mechanischer Anpressdruckeinstellung (C). Das Walzenpaar besteht aus der metallenen, strukturierten Unterwalze (A) und der gummierten Oberwalze (B), die mit leicht austauschbaren Nadelwälzlagern versehen ist. Die Unterwalze wird mit einer konstanten Drehzahl angetrieben, welche aber in diskreten Stufen voreingestellt werden kann. Für die durchgeführten Experimente wurde eine typische Drehzahl von 5520 U/min gewählt. Diese Versuchstrecke musste ebenfalls ohne Material betrieben werden, weshalb der Abtransport der Reibungswärme des Walzenpaars nicht gegeben war und die Signalaufnahme nur innerhalb kurzer Zeitfenster von wenigen Sekunden erfolgen konnte, um die Überhitzung der Oberwalze zu verhindern. Während der Abkühlphase wurden die Walzen voneinander getrennt. Ohne Trennung wäre es zu einem Schaden wie in Abbildung 26 gekommen. Bei der dargestellten Oberwalze hat sich durch Überhitzung und ohne Oberwalzenentlastung die Struktur der Unterwalze dauerhaft in die Oberwalze eingeprägt, was die Nutzung der Oberwalze im Produktionsprozess untersagen würde. Ein aus dem Schaden resultierendes akustisches Signal war nicht hörbar, weshalb dieser Schaden erst bei turnusmäßiger Sichtprüfung erkannt wurde.

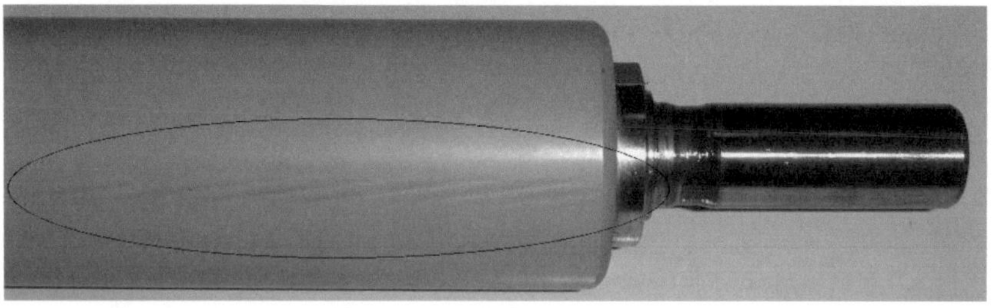

Abbildung 26: Überhitzung und Notaus ohne Oberwalzenentlastung führten zur dauerhaften Einprägung der Unterwalzenstruktur in die Oberwalze.

Der dargestellte Zerstörungsgrad durch Wärme- und Krafteinwirkung ist eher untypisch für die getesteten Oberwalzen, die für die Verstreckung von Baumwolle, Viskose u. a. sehr druck- und verschleißfest ausgelegt sind. Bei diesem Walzentyp ist eher eine schleichende Abnutzung durch Abrieb zu verzeichnen. Für die durchgeführten Untersuchungen standen drei gebrauchte Oberwalzen erhöhten Abnutzungsgrades oder überschrittender Laufzeit zur Verfügung, die vorsorgehalber aus dem Produktionsprozess entfernt wurden. Ein negativer Einfluß dieser Oberwalzen auf die Produktqualität scheint optisch nicht sichtbar gewesen zu sein. In diese Kategorie ist auch die Oberwalze mit Einprägung eingeordnet. Da diese Walzen als stark gebraucht, nicht aber als defekt galten, wurde eine unrunde Oberwalze in die Untersuchungen aufgenommen. Dieser Defekt wurde nicht künstlich erzeugt. Anders als bei der defekten Oberwalze konnten bei diesen gebrauchten Walzen biaural keine Unterschiede zu neuwertigen Walzen wahrgenommen werden. Ein Austausch dieser Oberwalzen hatte anhand ihrer Laufzeit stattgefunden, wobei eine Produktionsqualitätsminderung noch nicht eingetreten war und eine länge Laufzeit möglich gewesen wäre. Als Vergleichsoberwalzen konnten zwei neuwertige Walzen genutzt werden. Die gebrauchten Oberwalzen wurden entsprechend ihres optischen Zustandes sortiert, wobei der Walze mit Einprägung der schlechteste Zustand diagnostiziert wurde. Daneben wurden die insgesamt sechs Oberwalzen auch noch in folgende drei Klassen eingeteilt:

- zwei neuwertige Walzen (Klassenname *NEW*)
- drei gebrauchte Walzen (Klassenname *USED*)
- eine defekte Walze (Klassenname *DAMAGED*)

6.3 Signalerfassung und -analyse

Die akustischen Signale wurden an unterschiedlichen Stellen der Versuchsstrecke abgegriffen, wobei die in Abbildung 25 gekennzeichnete Position C mit dem verwendeten Körperschallsensor[3] bezüglich Signalpegel erwartungsgemäß am besten erfasst werden konnte. Der Sensor befindet sich auf einer Metallplatte, die direkt auf dem Bolzen montiert wurde, der auf das Lager der Oberwalze einwirkt und dadurch die notwendige Anpresskraft der Oberwalze erzeugt. Für die durchgeführten Experimente wurde er mit einer Klemme befestigt, um Reproduzierbarkeit zu garantieren. Die für den Praxiseinsatz vorgesehene Magnetbefestigung wurde erfolgreich getestet.

Die Datenerfassung erfolgte vor der Fertigstellung der mobilen Sensoreinheit, mit dem sehr hochwertigen Aufnahmesystem *Nicolet Genesis (Modell 4.05.7106)*, dass die Signale des Körperschallsensors in einem Pegelbereich von 10 V (Spitze-Spitze) mit einer Abtastfrequenz von 2,5 MHz digitalisierte. Durch die hohe Abtastrate wurde eine Überabtastung um dem Faktor 4 realisiert, wodurch das Signal-Rausch-Verhältnis um 6 dB verbesserte und die Abtastfrequenz der abgespeicherten Signale auf 625 kHz absenkt wurde. Alle folgend beschriebenen Experimente beziehen sich auf Aufnahmen, die mit diesem System durchgeführt wurden. Dies stellt sicher, dass die Leistungsfähigkeit des vorgestellten Ansatzes untersucht wird und keine Beschränkungen durch die im Projekt neu entwickelte Hardwarekomponenten die Ergebnisse verfälschen. In der Abbildung 27 sind Signalausschnitte aus Aufnahmen aller drei definierten Klassen dargestellt, die mit dem beschriebenen Aufnahmesystem aufgezeichnet wurden. Die Amplituden der dargestellten Signale sind relativ zur Vollaussteuerung dargestellt. Die vollständig defekte Walze der Klasse *DAMAGED* unterscheidet sich in ihrem Zeitsignal deutlich von denen der anderen beiden Klassen. Sie symbolisiert den Fall, den der Maschinenführer auch identifizieren kann. Ihre Identifikation stellt damit die Minimalanforderung für das automatische System dar.

Eine wichtige Entscheidung bezüglich der Signalerfassung wurde durch die drahtlose Bluetooth-Übertragung zwischen Sensor und Diagnoseeinheit vorgegeben. Die speziell für das Projekt entwickelte Hardware sollte mit einer Abtastfrequenz von typisch 625 kHz bei 12 Bit Quantisierungsbreite arbeiten, um bei Maschinentypen mit sehr hohen Arbeitsdrehzahlen der rotierenden Bauteile ebenfalls eine verlässige Zustandsüberwachung durchführen zu können. Ein Beispiel für eine derartige Maschine ist die Rotorspinnmaschine Rieter R60[4] mit einer maximalen Rotordrehzahl von 170000 U/min. Durch die hohe Abtastrate mit 12 Bit pro Abtastwert ist für die unterbrechungsfreie Übertragung der reinen Daten eine Datenrate von 7500000 Bit/s bzw. 7,5 MBit/s notwendig. Hinzu kommen die für die Übertragung notwendigen Steuerinformationen. Diese Datenrate ist erst seit der aktuellen Bluetooth Version 4.0 möglich. Die zur Projektlaufzeit aktuelle Version 2.1[5] mit *Enhanced Data Rate* konnte maximal 3 MBit/s

[3] Modell *ps/ks/mk/d* der Firma *Marco Systemanalyse und Entwicklung GmbH*

[4] Quelle: Broschüre *Rieter Rotorspinnmaschine R60*

[5] Quelle: www.bluetooth.org; letzter Zugriff 23.12.2011; https://www.bluetooth.org/docman/handlers/downloaddoc.ashx?doc_id=241363

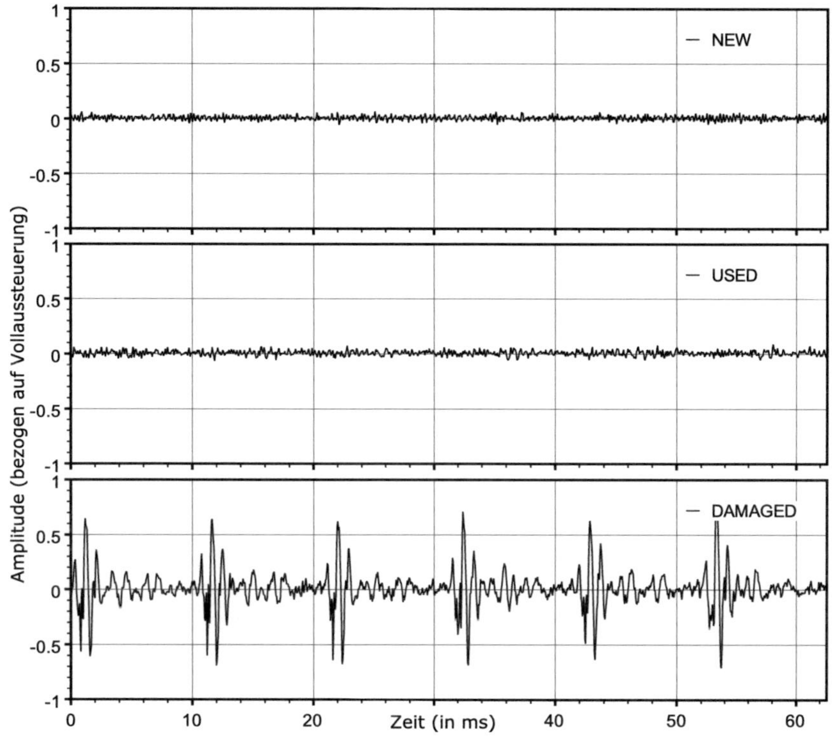

Abbildung 27: Signalausschnitte von Signalen der Klassen *NEW*, *USED* (Oberwalze mit Einprägung) und *DAMAGED* (unrunde Oberwalze). Amplitude sind auf Vollaussteuerung bezogen.

übertragen. Diese Datenrate konnte im elektrischen Störumfeld von Maschinen praktisch nicht erreicht werden, weshalb eine Datenrate <1 MBit/s angesetzt wurde. Die für die Zustandsbestimmung verwendete Signallänge ergab sich zu 100 ms. Diese Festlegung ist im Hinblick auf die begrenzten Systemressourcen der mobilen Diagnoseeinheit sinnvoll. Für die Signalanalyse ist dies nicht nachteilig, da bei den typischen Liefergeschwindigkeiten des untersuchten Streckwerks pro 100 ms Körperschallsignal über 8 vollständige Walzenumdrehungen im Signal enthalten und umdrehungsbedingte Effekte in den 62500 Abtastwerten erfasst sind.

Akustische Datenbasis

Obwohl es in der Maschinendiagnostik eher untypisch ist, von verschleißbehafteten Bauteilen umfangreiches Material zu erheben, ist dies für den Test der entwickelten Verfahren und Algorithmen notwendig. Jede Walze wurde deshalb jeweils für 12 Sekunden aufgenommen, die Walzen entlastet, abgekühlt, der Sensor neu angesetzt und die Messung von vorn begonnen. Dieser Zyklus wurde dreimal wiederholt, und es ergaben sich so für jede Walze 36 Sekunden Körperschallaufnahmen, die in 360 Einzelsignale mit einer jeweiligen Länge von 100 ms zerlegt wurden. Die Einzelsignale wurden in die definierte Datenstruktur (Kapitel 4) überführt und abgespeichert. Aus diesen Signalinstanzen wurden Stichproben erstellt, die für das Anlernen und Testen sowie für die Erstellung einer Merkmalstatistik für die Hauptkomponentenanalyse genutzt wurden. Tabelle 1 zeigt die genaue Aufteilung der Signalinstanzen zu den entsprechenden Stichproben. Diese Zusammenstellung wurde während der gesamten Entwicklung und Parameteroptimierung verwendet.

Klasse	**Walzen pro Klasse**	**Statistik**	**Test**	**Lernen**
NEW	2	40	400	320
USED	3	60	1080	-
DAMAGED	1	20	360	-

Tabelle 1: Zusammensetzung der Stichproben für die Merkmalstatistik, das Anlernen der Modelle und den Test.

Eine zweite Aufnahmereihe (Tabelle 2) wurde zur finalen Überprüfung der ermittelten Parameter und Verfahren erhoben. Diese Aufnahmereihe wurde einzig und allein für die Validierung am Ende des Entwicklungsprozesses verwendet. Sie wurde einige Tage nach der ersten Messreihe erhoben. Die Aufnahmereihenfolge der verschiedenen Walzen und der Sensorneuansetzungen wurde umgestellt, um einen möglichen systematischen Fehler während der ersten Messreihe nicht erneut zu provozieren. Die Aufnahmereihe hat keine Analysen erfahren, die Erkenntnisse im Systementwicklungsprozess hervorbringen konnten.

Klasse	**Walzen pro Klasse**	**Statistik**	**Test**	**Lernen**
NEW	2	80	330	840
USED	3	120	1980	-
DAMAGED	1	40	660	-

Tabelle 2: Zusammensetzung der Validierungsstichprobe.

Signalanalyse

Die Beschreibung der verwendeten Merkmalanalyseverfahren beschränkt sich hier auf die problemangepasste Spektralanalyse. Sie ergab sich als Konsequenz der Analyse der vorherrschenden Beurteilung der Arbeitsgeräusche durch den Maschinenführer. Andere Signalanalyse- bzw. Merkmalextraktionsverfahren

- Linear Predictive Coding (LPC [Kon04])
- Line Spectral Frequencies (LSF [Kon04])
- Line Cepstral Quefrencies (LCQ, [SEH07])

- Cepstrum [Hof98]

wurden getestet und die Ergebnisse in [WH08] und [WWH08] veröffentlicht. Zusammengefasst erwiesen sich die LPCs und LSFs als unbrauchbar, da sie keine klare Trennung der Oberwalzen ermöglichten und einige Oberwalzen der Klasse *NEW* sogar als *DAMAGED* identifizierten. Eine gute Trennbarkeit wird durch die Berechnung des Cepstrums bzw. der LCQs mit vorangegangener Filterung entsprechend der Mel-Skala erreicht, allerdings weniger genau als die folgend beschriebene Spektralanalyse.

In Abbildung 28 sind die Betragsspektren der Signale aus der Abbildungen 27 dargestellt. Sie wurden mit einer 65536-Punkte-FFT erstellt, nachdem die gleichanteilsbefreiten Signale mit einem BLACKMAN-Fenster gewichtet und durch Anhängen von Nullen auf die entsprechende Analysefensterlänge gebracht (engl. *zero padding*) wurden. Die Fensterung bewirkt ein Ein- und Ausklingen der Signale und verhindert Sprungstellen an den Analysefensterrändern und zum mit Nullen aufgefüllten Bereich.

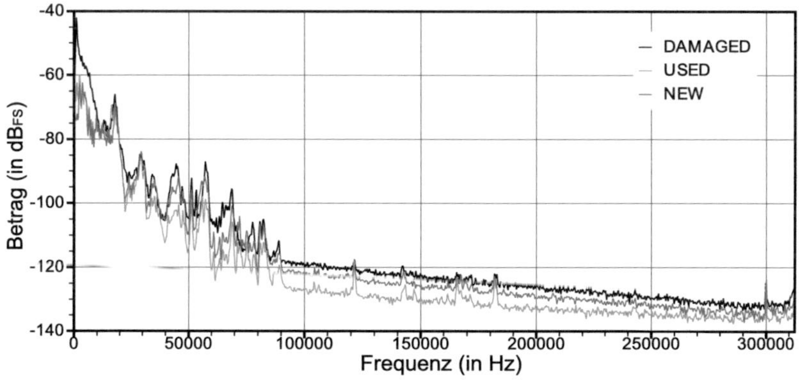

Abbildung 28: Diskrete Betragspektren der Signale Abb. 27.

Der grobe Vergleich der Spektren zeigt zwei deutliche Bereiche, wobei der bis 90 kHz reichende erste Bereich von wesentlichem Interesse ist. Zur Plausibilitätsprüfung der akustischen Aufnahmen des neuartigen Körperschallsensors wurde vom IZFP-D eine Laservibrometermessung am Lagerbock der Versuchsstrecke (Abb. 25 Position D) für die Klasse *DAMAGED* durchgeführt. Das resultierende Betragsspektrum ist in Abbildung 29 dargestellt. Es zeigt ebenfalls die beiden Bereiche, wobei der erste nur bis 50 kHz reicht und dann bereits in den zweiten Bereich übergeht. Da die Ergebnisse nur in der dargeboten Variante verfügbar sind und nicht unter den gleichen Bedingungen erstellt werden konnten, ist nur die rein qualitative Untersuchung möglich.

Der Vergleich der Spektren in Abb. 28 untereinander zeigt, dass das Körperschallsignal von *DAMAGED* die auch per Luftschallemission hörbaren energiereichen, niederfrequenten Signalanteile besitzt. Zu den beiden anderen Signalklassen besteht im Bereich bis 10 kHz ein maximaler Unterschied von 20 dB. Die beiden Klassen *NEW* und *USED*

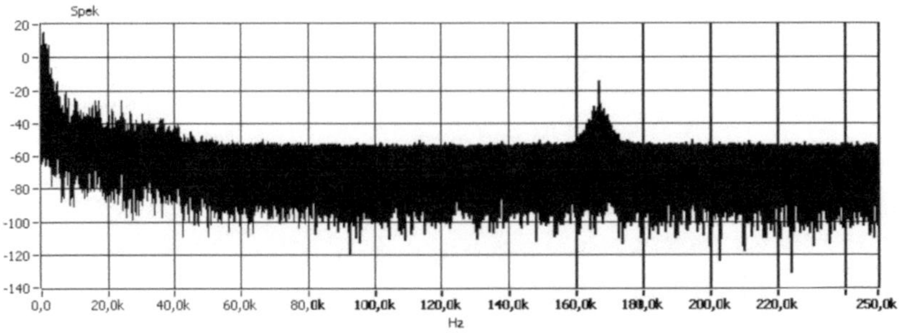

Abbildung 29: Diskrete Betragspektren der Laservibrometermessung der Klasse *DAMAGED* am Lagerbock (Quelle: IZFP-D H. Neunübel).

sind in diesem Bereich kaum zu unterscheiden. Einzig im niederfrequente Bereich zeigt *USED* Spektralanteile, die mit der Drehzahl korrespondieren und bei *NEW* nicht identifizierbar sind. Im Bereich von 10 bis 90 kHz folgen alle drei Spektren einem ähnlichen Verlauf, kreuzen sich dabei mehrfach. Wichtig sind aber die Unterschiede in diesem Bereich bezüglich der Amplitudenbeträge, da die von *USED* kleiner als die von *NEW* und *DAMAGED* sind. Eine eingelaufene Walze (Anpassungsverschleiß ist eingetreten) erzeugt geringere hochfrequente Anteile als eine neue und eine defekte Walze. Diese Verhältnisse bestehen auch ab 90 kHz.

Die Auswertung der Spektren ergibt, dass der niederfrequente Bereich die Rotationsfrequenz der Walzen anzeigt, sobald es punktuelle Beschädigungen auf der Walze gibt. Da auch punktuelle Verschmutzungen diese Wirkung erzielen können, ist daneben der Bereich 10 bis 90 kHz durch Strukturen im Spektrum interessant, wobei diese Strukturen mutmaßlich nur mittels der statistischen Lernverfahren aufgedeckt werden können. Im Bereich ab 90 kHz reicht einzige die Aussage, wie groß die Gesamtenergie in diesem Bereich ist.

Zur Anwendung der Vektorfolgenklassifikation und dem damit verbundenen automatischen Strukturtraining der Signalereignisse und ihrer Abfolge ist eine Folge von Merkmalvektoren notwendig. Es gibt verschiedene Möglichkeiten, diese zu erstellen. Unter Beibehaltung der Analyselänge von 65536 Abtastwerten und der Signallänge von 100 ms (entspricht 62500 Abtastwerten) kann nur die Breite der Fensterfunktion reduziert, das Fenster mit einer festen Fortsetzrate über das Signal geschoben und an beiden Seiten mit Nullen aufgefüllt werden. Die Verschiebung der Fensterfunktion sollte nur soweit erfolgen, dass das gefensterte Signal am Ende durch die Fensterfunktion genügend gedämpft wird und keine Sprungstelle entsteht.

Das Zero Padding fügt dem Signal keine Information hinzu und soll nicht angewandt werden. Es erlaubt einzig die Berechnung einer FFT höherer Ordnung, was zu mehr Spektralkoeffizienten geringeren Abstandes führt. Eine sehr feine spektrale Auflösung kann einer robusten Signalbewertung entgegenwirken, weshalb die Anzahl der Merkmale möglichst klein gehalten werden soll. Deshalb werden die Signale mittels verschobener Fensterfunktionen in kürzere Teilsignale zerlegt und eine FFT niedriger Ordnung angewandt. Abhängig von der zeitlichen Verschiebung der Fensterfunktion kann so eine feinere zeitliche Auflösung erreicht werden, die mit der Vergröberung der spektralen Auflösung einhergeht (Unschärferelation [Hof98]). Die Abschätzung einer sinnvollen Teilsignallänge wird anhand einer typischen Walzendrehzahl vorgenommen. Bei 92 U/min befinden sich in 100 ms Signal 9,2 Walzenumdrehungen, und jede Umdrehung entspricht damit rund 6800 Abtastwerten. Die Teilsignale werden durch eine Fensterfunktion vom Typ BLACKMAN gewonnen. Es wird festgelegt, dass alle Abtastwerte einer Walzenumdrehung maximal um 6 dB durch die Fensterfunktion gedämpft werden dürfen. Unter dieser Forderung ergibt sich eine Fensterlänge, die gut mit $2^{14} = 16384$ Abtastwerten genähert werden kann. Die Anwendung der so definierten Fensterfunktion auf ein Signal der Klasse *DAMAGED* bzw. *NEW* ergibt bei einer Fortsetzrate von 4096 Abtastwerten (25 % Fensterfunktionslänge) die Abbildungen 30 bzw. 31. Es ist zu beachten, dass alle Teilsignale gemeinsam in die jeweilige Abbildung eingezeichnet sind. Abbildung 32 zeigt beispielhaft die Betragsspektren der Teilsignale der Klasse *NEW*.

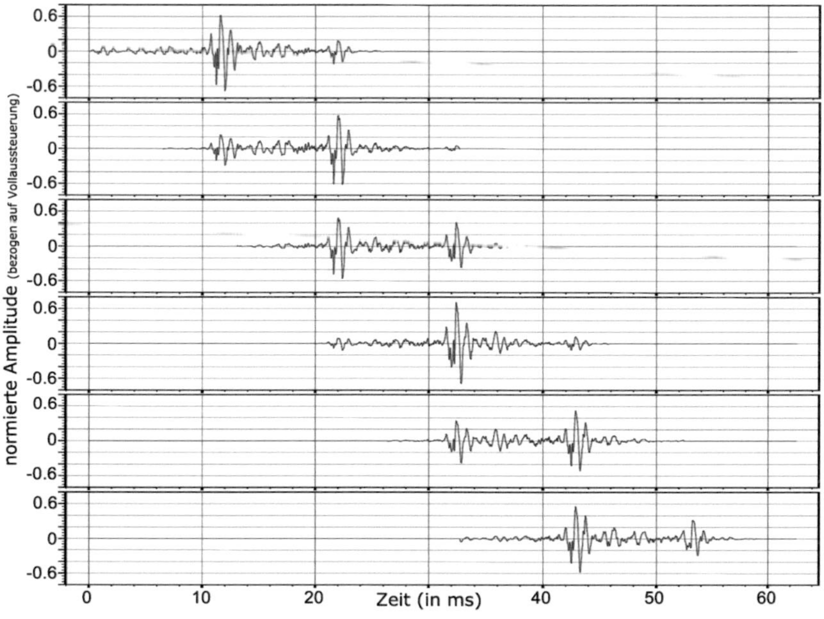

Abbildung 30: Bewertung des Signals *DAMAGED* aus Abb. 27 mit verschobenen BLACKMAN-Fensterfunktionen.

Eine wesentlich kürze Teilsignallänge ergibt sich aus der Betrachtung des Zeitsignals *DAMAGED* entsprechend Abb. 27. Eine Walzenumdrehung besteht hier aus einem Bereich I mit niederfrequenten Signalkomponenten hoher Signalpegel und einem Bereich II mit Signalkomponenten niedrigen Signalpegeln. Die Länge des Bereichs I entspricht

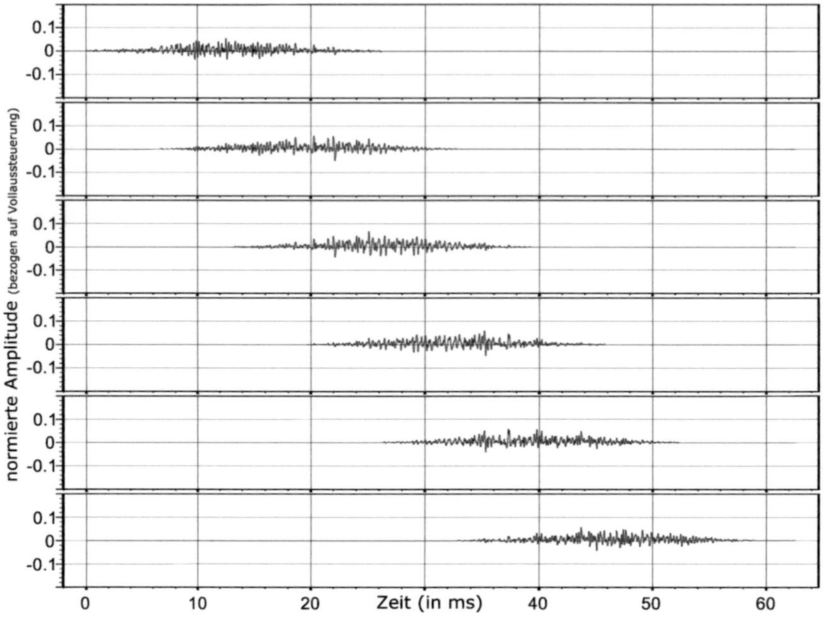

Abbildung 31: Bewertung des Signals *NEW* aus Abb. 27 mit verschobenen BLACKMAN-Fensterfunktionen.

etwa einem Viertel der gesamten Signalperiode. Durch die Anwendung des BLACKMAN-Fensters mit maximal zulässiger 6 dB-Dämpfung ergibt sich in guter Näherung eine Fensterlänge von $2^{12} = 4096$ Abtastwerten.

Die Entscheidung für eine der beiden Analysefensterlängen richtet sich nach dem verwendeten Klassifikationsprinzip. Die Vektorfolgenklassifikation mit dem HMM-Ansatz und mehreren Zuständen wird mit der kurzen Fensterlänge durchgeführt, damit Ereignisse in den Signalperioden zeitlich lokalisiert bzw. modelliert werden können. Die Anwendung des GMM-Ansatzes erfolgt mit großer Fensterlänge. Eine Überprüfung erfolgt im folgenden Abschnitt experimentell. Ebenso die Festlegung der Fortsetzrate des Analysefensters.

Abhängig von der gewählten Analysefensterlänge wird eine andere FFT-Ordnung angewandt und es entstehen unterschiedlich viele Spektralkoeffizienten. Diese werden einheitlich zu 128 Merkmalen zusammengefasst. Dazu werden im einfachsten Fall gleichbreite Spektralbereiche (Kanäle) definiert und diese jeweils zu einem Wert verrechnet (engl. *pooling*). Dieser Wert kann z. B. die Gesamtenergie des Kanals oder die mittlere Amplitude der enthaltenen Signalkomponenten beschreiben. Die Verrechnung der Spektralbereiche simuliert im konkreten Fall eine Filterbank mit 128 Kanälen. Abbildungen 33, 34 und 35 veranschaulichen das verwendete Verfahren grafisch. Das Verfahren wird im Folgenden LMAG genannt.

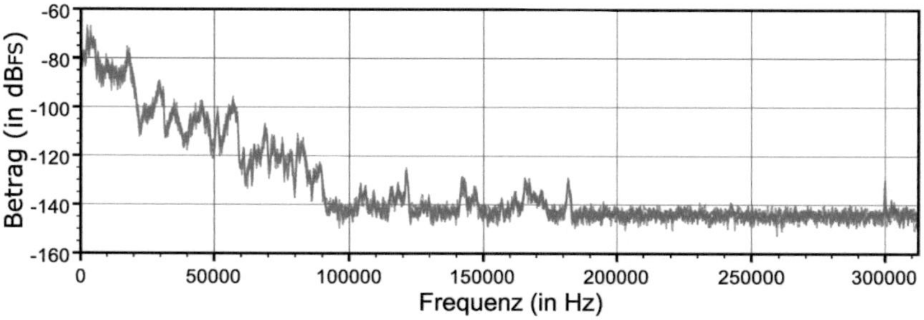

Abbildung 32: Betragsspektrum des Signals *NEW* aus Abb. 27.

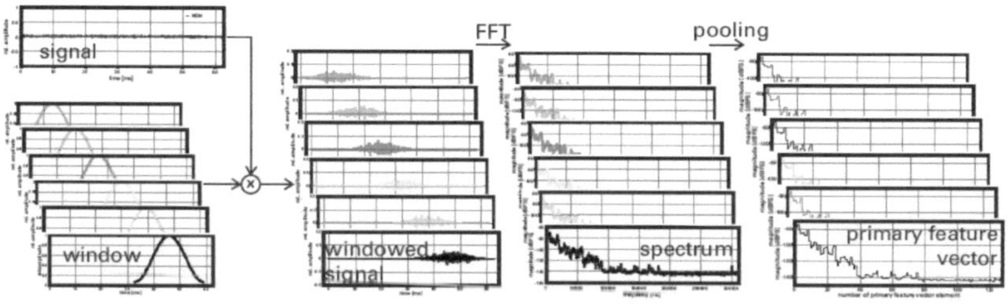

Abbildung 33: Gewinnung primärer Merkmale aus Signal *NEW* Abb. 27 (1. Fensterung des Signals; 2. Transformation in den Spektralbereich; 3. Zusammenfassung benachbarter Spektralbereiche).

Eine zweite Möglichkeit orientiert sich am durchgeführten Vergleich der Spektren und definiert verschiedene Frequenzbereiche beliebiger Breite, die mit unterschiedlicher spektraler Auflösungen untersucht werden. Nur so ist eine sehr feine Auflösung im niederfrequenten Bereich bis 1000 Hz und eine grobe Auflösung im Bereich bis 90 kHz möglich. Der Bereich ab 90 kHz wird durch nur einen Wert repräsentiert. Bei einer Analysefensterbreite von 4096 Abtastwerten ergeben sich gerundet folgende Werte:

- 160 Hz im Bereich bis 1280 Hz
- 800 Hz im Bereich 1280 – 96480 Hz
- 228640 Hz im Bereich ab 96480 Hz .

Eine dritte Möglichkeit orientiert sich an der gehörrichtigen Signalverarbeitung, die ebenso eine feine Auflösung im niederfrequenten Bereich realisiert und mit ansteigender Frequenz die Kanalbreite steigert.

Nach der Reduzierung der Merkmalvektordimension auf 128 wird mittels Hauptachsentransformation eine weitere Reduzierung der Merkmalvektordimension entsprechend den Eigenwerten vorgenommen.

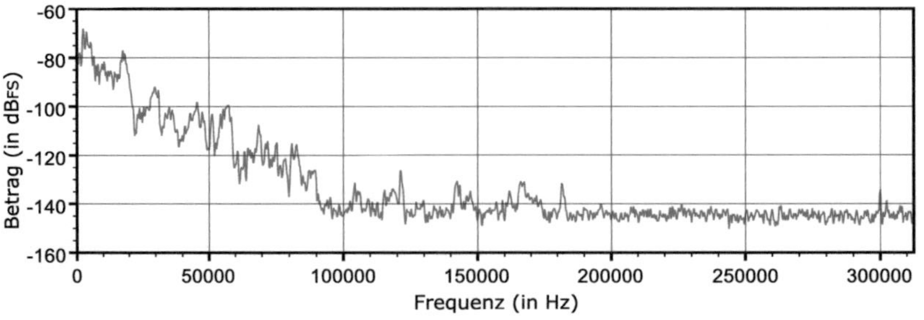

Abbildung 34: Diskretes Betragsspektrum des Signals *NEW* aus Abb. 27.

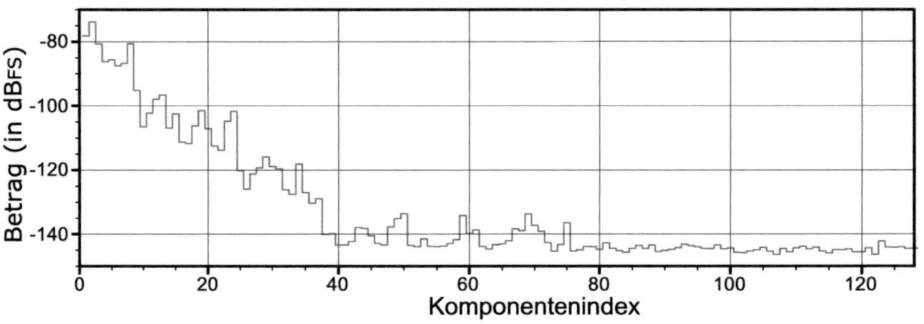

Abbildung 35: Zusammenfassung des Betragsspektrums aus Abb. 34 zu 128 Koeffizienten.

6.4 Signalbewertung

Zur Signalbewertung kommen die in Abschnitt 3 beschriebenen Verfahren mit GM- und HM-Modellen zum Einsatz. Die Parameterschätzung erfolgt entsprechend der angegebenen Algorithmen auf der definierten Lernstichprobe. Die Wahl der HMM-Zustände kann nur experimentell erfolgen, da die Analyse der aufgezeichneten Körperschallsignale für die beiden interessanten Klassen *NEW* und *USED* im Zeitsignal und Autokorrelationssignal keine auffällige Signalstruktur zeigt. Auch die Kurzzeitspektralanalyse brachte zwischen benachbarten Analysebreichen keine signifikaten Unterschiede hervor. Es ist deshalb schwer entscheidbar, wieviele HMM-Zustände zur Modellierung der Signalstruktur tatsächlich benötigt werden. Infolge der nicht erkennbaren zeitlichen Struktur wurde nur ein Zustand pro Hidden Markov Model benutzt, weshalb auch von einem GMM-basierten Klassifikator gesprochen werden kann. Die Eigenschaften der Körperschallsignale der intakten Maschinenbauteile werden damit durch diese GM-Modelle abgebildet. Um aber dennoch nicht auszuschließen, dass sich eine Struktur im Signal befindet, wurden Experimente mit Links-Rechts-HMMs und verschiedener Zustandsanzahl untersucht.

Die Bewertung der Merkmalvektor(folg)en bezüglich ihrer Ähnlichkeit zum Modell wird mit nLL ausgedrückt. Ein kleiner Wert kennzeichnet dabei eine große Ähnlichkeit.

6.5 Experimente und Ergebnisse

Die durchgeführten Experimente ergeben sich aus den möglichen Kombinationen der Signalanalyseverfahren und Bewertungsstrategie entsprechend Blockdiagramm 24. Alle Kombinationen wurden mit den Aufnahmen von Sensorposition C (Abb. 25) und den in Tabelle 1 festgelegten Stichproben untersucht. Eine spezielle Entwicklungsstichprobe wurde infolge der geringen Gesamtstichprobengröße nicht erstellt bzw. benutzt. Die Wirkung von Änderungen an den Parametern der einzelnen Experimentkomponenten wurde für die Teststichprobe beobachtet.

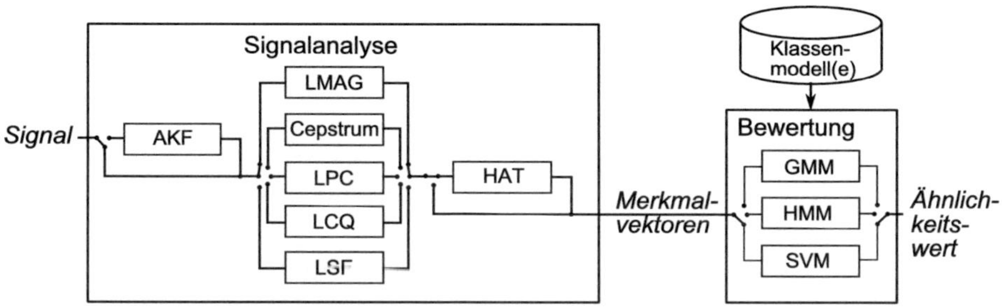

Abbildung 36: Schema des Signalbewertungssystems mit Signalanalyse/Merkmalextraktion (links) und verschiedenen Signalbewertungsstrategien (rechts).

Zur Durchführung der Hauptachsentransformation wurden entsprechend Tabelle 1 je Oberwalze 20 Aufnahmen zufällig ausgewählt und jedem Signalanalyseverfahren zugeführt. Die resultierenden Merkmalvektor(folg)en dienten der Bestimmung von Merkmalstatistiken und der Berechnung von Transformationsmatrixen. Jedes Signalanalyseverfahren benötigt eine eigene Transformationsmatrix.

Nutzbarkeit des Ein-Klassen-Ansatzes

Die Verwendung nur eines Signalmodells für die Beschreibung des akustischen Zustandes der intakten Maschine bzw. unbeschädigter Bauteile birgt die Gefahr, dass nur dieser eine Zustand ohne Toleranzen erkannt wird und geringe Änderungen der akustischen Verhältnisse sofort zu Ähnlichkeitswerten der Klasse *DAMAGED* führen. Anderseits könnte das System nicht *empfindlich* genug sein und durch Überdeckung der akustischen Informationen defekter Bauteile mit Störsignalen zu keiner Erkennung der Defekte kommen. Vor der Verbesserung der Diagnosegenauigkeit galt es die generelle Nutzbarkeit des Ein-Klassen-Ansatzes zu überprüfen.

Unter Nutzung des beschriebenen Signalanalyseverfahrens LMAG wurde mit Aufnahmen der Klasse *NEW* ein statistisches Modell angelernt und verschiedene Aufnahmen gegen das trainierte Modell getestet. Als Ergebnis lieferte die Klassifikation für jede

Aufnahme als Ähnlichkeitsmaß den nLL. Je kleiner dieser ist, um so ähnlicher ist die Aufnahme der Klasse *NEW*. Die ersten Experimente beschränkten sich darauf, die mittleren nLL der nach Klassen sortierten Teststichprobe zu ermitteln. Infolge guter Ergebnisse wurden die Ergebnisse nachträglich nach Oberwalzen sortiert und sind in Tabelle 3 dargestellt. Die Nummerierung der Walzen in der Tabelle gibt die eingangs genannte Einteilung der Walzen wieder. Oberwalze 6 entspricht der Oberwalze mit Einprägung und erhielt im Experiment den schlechtesten Wert der Klasse *USED*.

Walze	1	2	3	4	5	6
Klasse	*NEW*	*NEW*	*USED*	*USED*	*USED*	*DAMAGED*
Mittlerer nLL	41,8	43,8	57,4	67,1	77,0	388,0

Tabelle 3: Bewertung 6 Oberwalzen des Versuchsstreckwerkes bzgl. Ähnlichkeit zum Modell der Klasse neu. Kleine Werte kennzeichnen große Ähnlichkeit.

Die Analyse der ersten Körperschallaufnahmen zeigte damit bereits, dass der Ein-Klassen-Ansatz sehr gut geeignet ist, aber die Signalanalyseparameter für eine bessere Diagnosequaliät der Klasse *USED* angepasst werden mussten.

Überprüfung der festgelegten Signalanalyseparameter

Die Überprüfung der im Abschnitt 6.3 *Signalanalyse* analytisch ermittelten Parameter für die Signalanalyse LMAG muss für alle Bewertungsstrategien durchgeführt werden. Folgend ist nur die Durchführung bei Verwendung von GM-Modellen beschrieben. Die anderen Verfahren wurden äquivalent überprüft.

Analysefensterlänge bei Nutzung von GM-Modellen

Als Erstes wurden die Festlegung der Analysefensterlänge und damit der FFT-Ordnung für die Signalbewertung mit GM-Modellen und dem Signalanalyseverfahren LMAG (logarithmierte Betragsspektren) experimentell überprüft. Neben der festgelegten Länge von 16384 Abtastwerten wurden noch die Werte 8192, 4096, 2048 und 1024 überprüft. Die Überlappung benachbarter Analysefenster wurde fest auf 50 % gesetzt und erst im folgenden Experiment genauer untersucht. Es wurde nur der Ein-Klassen-Ansatz genutzt und dafür ein Modell der Klasse *NEW* erlernt. Zur Ähnlichkeitsbestimmung wurden als Ergebnisse die mittleren nLL und Standardabweichungen je Klasse ermittelt und daraus die absoluten Abweichungen zwischen den Klassen bestimmt. Die Ergebnisse sind in Tabelle 4 dargestellt. Am Wichtigsten ist die letzte Zeile, da diese die Elemente enthält, die in Bewertungsbereichen zweier Klassen liegen. Je größer die Analysefensterlänge ist, um so geringer ist die Zahl dieser nicht eindeutig anhand des nLL zuordenbaren Elemente bei Verwendung der GM-Modelle. Die analytisch definierte Analysefensterlänge von 16384 Abtastwerten führt zur kleinsten Zahl (271) und bestätigt diese damit auch experimentell. Die Klasse *DAMAGED* konnte in allen untersuchten Fällen fehlerfrei ermittelt werden.

xxx-Punkte-FFT	16384	8192	4096	2048	1024
Mittelwert (nLL)					
NEW	43.0	49.9	56.7	63.0	69.7
USED	64.3	63.3	64.4	67.6	72.5
DAMAGED	333	236	164	121	102
Abstand (nLL)					
USED - NEW	-6.7	-4.4	-4.3	-3.5	-2.7
DAMAGED - NEW	181.4	128.7	71.4	36.5	20.2
DAMAGED - USED	126.6	94.9	52.6	24.5	11.2
Standardabweichung					
NEW	1.7	1.4	1.2	1.0	0.7
USED	12.9	8.2	5.4	3.5	2.6
DAMAGED	44.5	26.9	15.9	8.5	5.0
uneindeutige Elemente	271	372	482	569	681

Tabelle 4: Mittlere Ähnlichkeitswerte (nLL) jeder Klasse, absolute Abstände der mittleren nLL jeder Klasse zueinander, Standardabweichungen und Anzahl der nicht eindeutig zuordenbaren Elemente. FFT mit LMAG, Fortsetzintervall 50 % Analysefensterlänge.

Fortsetzintervall des Analysefensters bei Nutzung von GM-Modellen

Ziel ist es, die Anzahl der nicht eindeutig zuordenbaren Elemente weiter zu senken. Ein freier Parameter des genutzen Signalanalyseverfahrens LMAG ist das Fortsetzintervall des Analysefensters $\Delta\vartheta$. Das Fortsetzintervall wird in Abtastwerten angegeben, um die das Analysefenster während der Verarbeitung weitergesetzt werden soll.

Der theoretische Wert des Fortsetzintervalls ergibt sich nach [Hof98] bei einer Bandbreite der Hauptkeulevon $B = \frac{12\pi}{N}$ zu

$$\Delta\vartheta = \frac{2\pi}{B} = \frac{1}{6}N \tag{68}$$

und liegt für das verwendete BLACKMAN-Fenster somit bei $16{,}\overline{6}\,\%$ der Analysefensterlänge bzw. rund 2730 Abtastwerten. Die angegebene Bandbreite ergibt sich aus der Annahme, dass das erste Minimum im Spektrum der Fensterfunktion dessen Grenzfrequenz angibt. Das Doppelte dieser Grenzfrequenz wird als Breite der Hauptkeule bezeichnet.

Für die Ergebnisse nach Tabelle 4 betrug das Fortsetzintervall die halbe Analysefensterlänge. Für ein Analysefenster mit 16384 Abtastwerte ergib sich ein Fortsetzintervall von 8192 Abtastwerte. Dies entspricht 50 % der Analysefensterlänge. In Abbildung 37 ist die Anzahl der nicht eindeutig zuordenbaren Elemente in Abhängigkeit von verschiedenen anderen Fortsetzraten dargestellt.

Ab einem Fortsetzintervall kleiner 4096 Abtastwerten stellt sich eine nur noch gering veränderliche kleinste Anzahl nicht eindeutig zuordenbaren Elemente ein, wobei genau

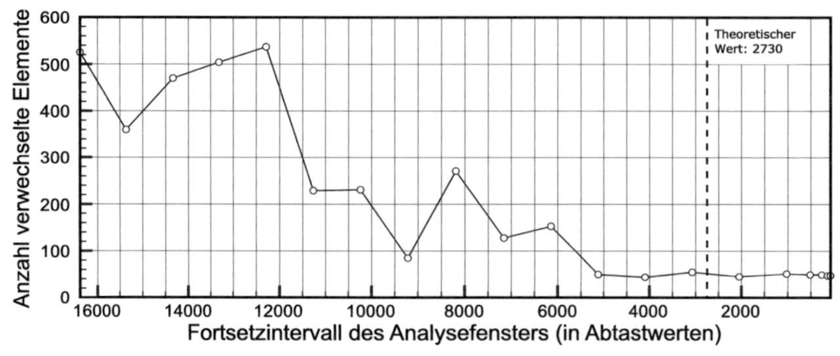

Abbildung 37: Anzahl der nicht eindeutig zuordenbaren Elemente in Abhängigkeit von verschiedenen Fortsetzintervallen des Analysefensters bezogen auf die Signalanalyse mit einer Analysefensterlänge von 16384 Abtastwerten.

bei 4096 Abtastwerten der kleinste Wert mit 44 nicht eindeutig zuordenbaren Elementen erreicht ist. Dies entspricht einem Fehler von 2,6 % bezogen auf die gesamte Teststichprobe. Aus diesem Grund wird ein Fortsetzintervall von 4096 Abtastwerten bzw. 25 % der Analysefensterlänge (16384 Abtastwerte) verwendet.

Die sich im überlappenden Bereich einstellenden Ähnlichkeitswerte der Teststichprobe von Klasse *NEW* und *USED* sind in Abbildung 38 dargestellt. Da sich bei einem Fortsetzintervall von 4096 Abtastwerten auf der Teststichprobe der kleinste Fehler einstellt, wird das experimentell bestimmte Fortsetzintervall verwendet. Durch die geringere Anzahl entstehender Teilsignale vermindert Rechenaufwand gegenüber dem theoretischen Wert.

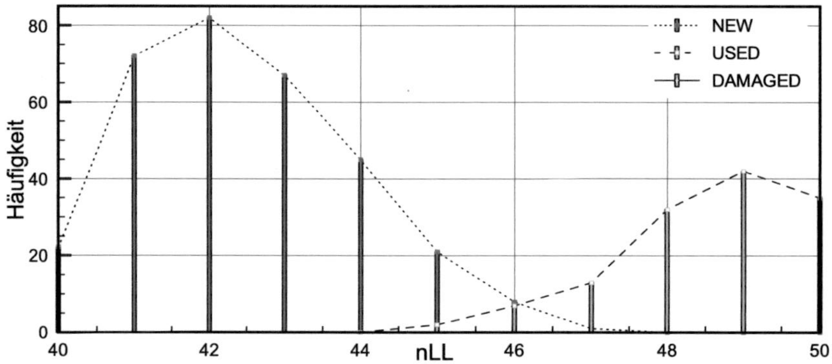

Abbildung 38: Histogrammdarstellung der Ähnlichkeitswerte der Teststichprobenelement im Bereich, der keine eindeutige Klasseneinteilung zuläßt. Signalanalyse mittels LMAG für eine Analysefensterlänge von 16384 Abtastwerten bei einer Fensterfortsetzrate von 4096 Abtastwerten.

Gleichfehlerrate

Die Bedeutung der Gleichfehlerrate (engl. *equal error rate*, EER) lässt sich gut am Beispiel eines akustischen Klassifikationssystems zur Personenzugangskontrolle einführen. Dieses System muss allen berechtigten Personen Zugang ermöglichen und allen nicht berechtigten Personen den Zugang verwehren. Das System muss also *akzeptieren* bzw. *rückweisen*. Wenn ein solches System nicht korrekt arbeitet, dann akzeptiert es nicht berechtigte Personen und weist berechtigte Personen zurück. Aus den Häufigkeiten dieser beiden Fehlentscheidungen kann die Falschakzeptanzrate (engl. *false acceptance rate*, FAR) und Falschrückweisungsrate (engl. *false rejection rate*, FRR) berechnet werden. FAR ergibt sich aus der Anzahl falscher Akzeptanzen bezogen auf die Gesamtanzahl der zurückzuweisenden Personen. FRR wird aus der Anzahl der falschen Rückweisungen bezogen auf die Gesamtanzahl der zu akzeptierenden Personen berechnet. Durch Parametervariationen im Klassifikationssystem können die beiden Größen

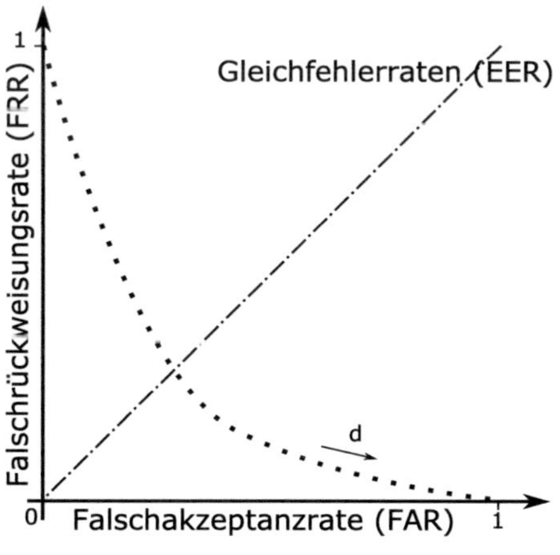

Abbildung 39: *Receiver Operating Characteristic* nach [Hof98] für ein fiktives System bei Variation eines Parameters d. Die Punkte entsprechenen den FAR bzw. FRR bei verschiedenen Parameterwerten d. Die Gerade kennzeichnet die Gleichfehlerrate für die $FAR = FRR$ gilt.

FAR und FRR beeinflusst werden, allerdings nicht getrennt voneinander. Die gegenseitige Beeinflussung kann mittels der sogenannten *Receiver Operating Characteristic* (ROC) visualisiert werden. In Abbildung 39 ist die Wirkung der Variation eines Parameters d für ein fiktives System dargestellt. Die Punkte entsprechen der FAR bzw. FRR bei verschiedenen Parameterwerten d. Die eingezeichnete Gerade kennzeichnet die Gleichfehlerrate für die $FAR = FRR$ gilt. Die verwendete Darstellung folgt der von [Hof98], da die ebenfalls gebräuchliche Darstellung nach [Bra97] – bei der die Ordinate die Rate der korrekten Akzeptanz (engl. *true positive rate*) trägt – nicht unmittelbar deutlich macht, dass eine korrekte Akzeptanz unter Umständen mit Verwechslung erfolgte. Das

Zugangssystem hätte dann zwar richtig akzeptiert zweier zugangsberechtigter Personen stattgefunden hatDies wäre dann wichtig, wenn das Zugangskontrollsystem die Person beim Namen begrüßen soll.

Um auch beim Ein-Klassen-Ansatz die Gleichfehlerrate bestimmen zu können, wird eine klassifizierte Teststichprobe benötigt. Für diese kann, dem Ein-Klassen-Ansatz folgend, eine Signalbewertung der Teststichprobenelemente durchgeführt und die ermittelten Ähnlichkeitswerte in ein Histogramm eingetragen werden. Besitzt die Teststichprobe beispielsweise nur Elemente zweier Klassen, so könnte sich die in Abbildung 40 dargestellte Situation einstellen, in der einige Elemente aus beiden Klassen identische Ähnlichkeitswerte besitzen.

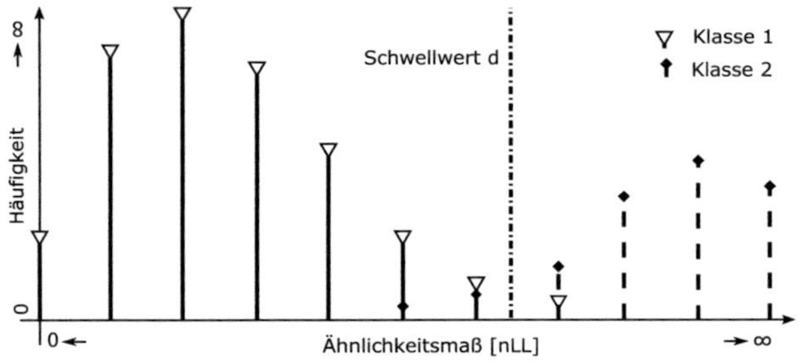

Abbildung 40: Signalbewertungen einer klassifizierten Teststichproben als Ähnlichkeitswerte in ein Histogramm abgetragen. Ähnlichkeit als *negative Logarithmic Likelihood* (Abschnitt 3) angebenen, wobei ein kleiner Wert große Ähnlichkeit zum erlernten Modell darstellt. Die strichpunktierte Gerade zeigt die Position des Schwellwertes zur Abtrennung beider Klassengebiete an, mit der sich die Gleichfehlerrate näherungsweise einstellt.

Um das Beispiel des Zugangskontrollsystems wieder aufzugreifen, bezeichne die Klasse 1 in Abb. 40 die Gruppe der Personen mit Zugangsberechtigung. Für diese eine Klasse wurde ein Modell angelernt, dass zur Bewertung der Teststichprobe benutzt wird. Mit dem dargestellten Schwellwert d wird gesteuert, wie sensibel das System reagiert und somit eher falsch akzeptiert oder falsch zurückweist. Die Bewertung eines Elements der Teststrichprobe mit einem Ähnlichkeitswert kleiner dem des Schwellwertes hat zur Folge, dass das System das Teststichprobenelement akzeptiert und bei grösserem Wert zurückweist. Bilden die Elemente der Teststichprobe keine trennbaren Klassengebiete im Histogramm, kommt es zur Falschakzeptanz bzw. Falschrückweisung.

Abhängig vom gewählten Schwellwert kann erreicht werden, dass alle Elemente der angelernten Klasse richtig akzeptiert, dafür aber viele Elemente der zweiten Klasse fälschlich akzeptiert werden. Bei der Schwellwerteinstellung zur richtigen Klassifikation aller Elemente der Klasse 2 kommt es zur Falschrückweisung der Klasse-1-Elemente. Durch die Variation von d kann die Gleichfehlerrate (näherungsweise) eingestellt werden.

Bestimmung von Klassenschwellwerten

Die Bestimmung von Ähnlichkeitswerten erlaubt auch eine Aussage zur Zugehörigkeit der untersuchten Signale zu ihren Klassen. Im vorgestellten Ein-Klassen-Ansatz wird dies mittels definierter Schwellwerte realisiert, die die Klassengebiete im Wertebereich des Ähnlichkeitsmaßes definieren. Für das vorliegende Problem werden neben der angelernten Klasse zwei weitere Klassen durch die Teststichprobe vorgegeben, weshalb zwei Schwellwerte definiert werden. Der erste Schwellwert soll die Abgrenzung der Klasse *NEW* gegenüber den beiden Klassen *USED* und *DAMAGED* sichern. Entsprechend Abbildung 38 ist diese Abgrenzung zur Klasse *USED* nicht gegeben, da es einen Bereich gibt, in dem Elemente der Teststichprobe von beiden genannten Klassen die gleichen Ähnlichkeitswerte aufweisen. Ohne Vorhandensein der Teststichprobenelemente für die Klasse wäre der Rand des *NEW*-Klassengebiet der entsprechende Schwellwert. Durch das Vorhandensein der Elemente kann aber eine Abschätzung bezüglich kleinster Falschakzeptanzrate und Falschrückweisungsrate erfolgen. Ziel ist es, durch Variation des Schwellwertes die Gleichfehlerrate (Abschnitt 6.5) zu finden, die sich in Abbildung 41 am Schnittpunkt der diagonal verlaufenden Gerade und dem Schnittpunkt der Kennlinien ergeben. Bei den vier durchgeführten Experimenten, die visuell die Wirkung verschiedener Fortsetzraten der Analysefenster zeigen, entsprechen die Punkte auf den Kennlinien bestimmten Schwellwerten. Die kleinste EER ergibt sich für ein Fortsetzintervall von 25 % der Analysefensterlänge (entspricht 75 % Überlappung) für den Schwellwert nLL $= 46,5$.

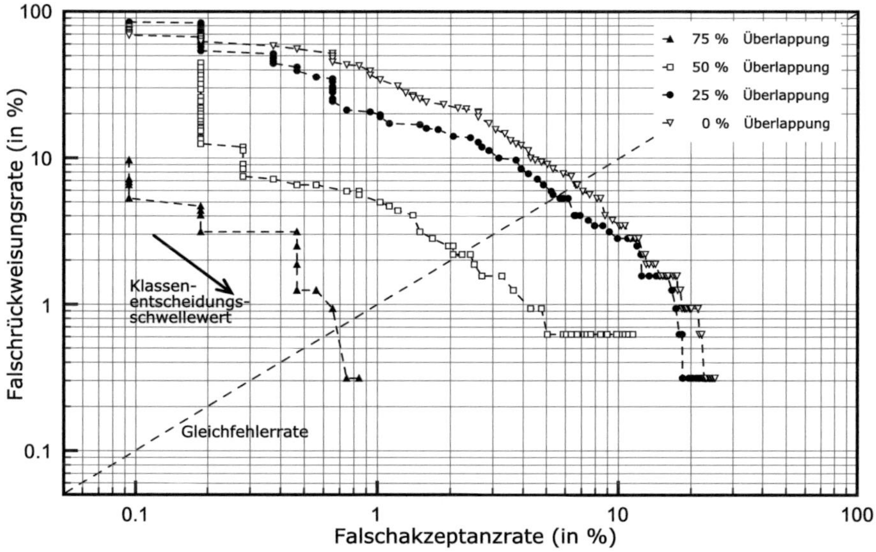

Abbildung 41: Beziehung von *Falschakzeptanzrate* (FAR) und *Falschrückweisungsrate* (FRR) in Abhängigkeit vom Schwellwert zur Trennung der Klassen *NEW* und *USED* in Abhängigkeit von der Überlappung benachbarter Analysefenster.

Der Schwellwert zur Trennung der Klasse *DAMAGED* von den beiden anderen Klassen wird äquivalent bestimmt, wobei ein genauer Schwellwert aus einem sehr großen Bereich gewählt werden kann. Dieser Bereich wird in Abbildung 42 Sicherheitsbereich genannt. Diese Abbildung stellt das erreichbare Ergebnis mit GM-Modellen und den eben festgelegten Schwellwerten dar.

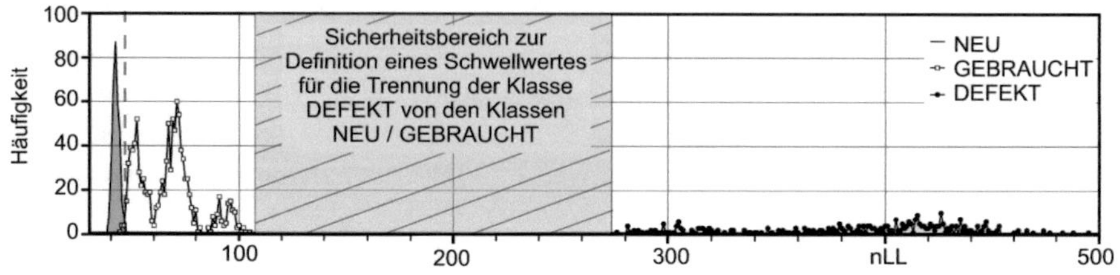

Abbildung 42: Bewertung der Teststichprobe (Tab. 4) mit GMM und LMAG dargestellt als Histogramm der berechneten nLL.

Vergleich der Bewertungsstrategien

Alle bisher beschriebenen Experimente wurden mit HM-Modellen wiederholt. Ziel war die Beseitigung des Überlappungsbereiches der Klassen *NEW* und *USED*. Wider Erwarten konnte keine Beseitigung des Bereiches erfolgen. Es wurde experimentell ermittelt, dass keine Notwendigkeit besteht, HM-Modelle für dieses Problem einzusetzen. Gegenüber den GMM-Experimenten musste als weiterer Parameter die Anzahl der HMM-Zustände untersucht werden. Für 3 Zustände im HM-Modell ergaben sich die besten Ergebnisse der gesamten HMM-Experimente. Diese Ergebnisse sind in Abbildung 43 dargestellt. Optisch zeigten sich kaum Unterschiede zum besten GMM-Experiment. Im Bereich der Überlappung von Klasse *NEW* und *USED* ergaben sich 52 nicht eindeutig bewertbare Elemente. Dies sind 8 mehr als mit dem GMM-Ansatz. Der Grund für dieses Verhalten ist die fehlende zeitliche Struktur der Signale von Klasse *NEW*, weshalb das strukturmodellierende HM-Modell hier seine Vorteile nicht ausspielen kann.

Abschließende Validierung

Die bisher beschriebenen Parametereinstellungen und -optimierungen wurden mit einer einzigen Lernstichprobe und einer Teststichprobe durchgeführt. Durch dieses Vorgehen wurde das System bestmöglich an die beiden Stichproben angepasst, was die Aussagekraft der Ergebnisse in Frage stellt. Für gewöhnlich wird neben diesen beiden Stichprobe eine weitere disjunkte Stichprobe definiert, die während der Entwicklung die Rolle der Teststichprobe einnimmt. Aufgrund der geringen Stichprobengröße (siehe Tabelle

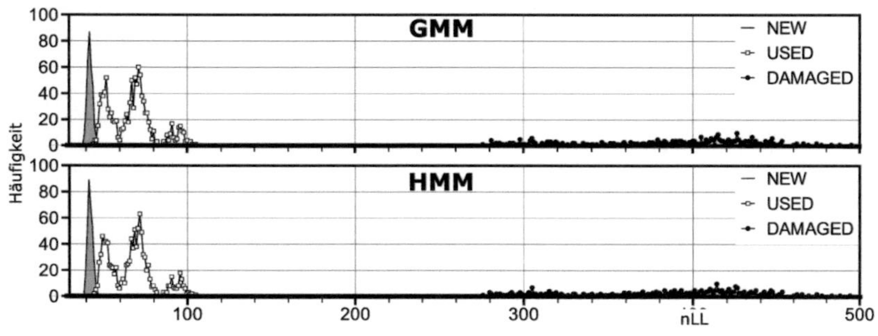

Abbildung 43: Signalbewertung der Teststichprobe mit GM-Modell (oben) und HM-Modell mit 3 Zuständen (unten). Signalanalyse erfolgte jeweils mit LMAG. Im Ergebnis sind liefern beide Ansätze nahezu identische Ergebnisse.

1) war eine weitere Aufteilung nicht sinnvoll. Außerdem war die zu erwartende Ähnlichkeit zwischen Entwicklungs- und Teststichprobe zu groß. Es wurde stattdessen auf die unabhängige Messreihe entsprechend Tabelle 2 zurückgegriffen. In Abbildung 44 sind die grafischen Ausgaben des OCA-Systems mit Verwendung eines HM-Modells mit 3 Zuständen dargestellt. In der oberen Darstellung sind die beiden entstehenden Klassegebiete von *NEW* und *DAMAGED* dargestellt. Im Vergleich zum Referenzexperiment nach Abbildung 43 fällt der geringere Abstand der beiden Klassen auf. Die genaue Ursache dieses Verhaltens ist schwer abschätzbar. Folgende Möglichkeiten sind denkbar:

- neue Oberwalzen durch wiederholten Einsatz ohne Material beschädigt,
- 2,6 fach größe Lernstichprobe führte zu weniger spezialisiertem Signalmodell,
- weniger signifikante Hauptkomponenten ermittelt,
- Störgeräuschsituation hat sich verändert.

In der Abbildung 44 (Mitte) sind die Ergebnisse für alle drei Klassen dargestellt. Es scheint eine vollständige Trennung der Klassen anhand des Ähnlichkeitsmaßes möglich zu sein. Dies ist allerdings nur bedingt richtig, da es zwei Ausreißer der Klasse *USED* gibt, die als *DAMAGED* bewertet werden. Durch die Möglichkeit des OCA-Systems, diese direkt in der graphischen Auswertung auswählen und untersuchen zu können, fielen Störungen im Signal auf, die zur Fehlbewertung führten.

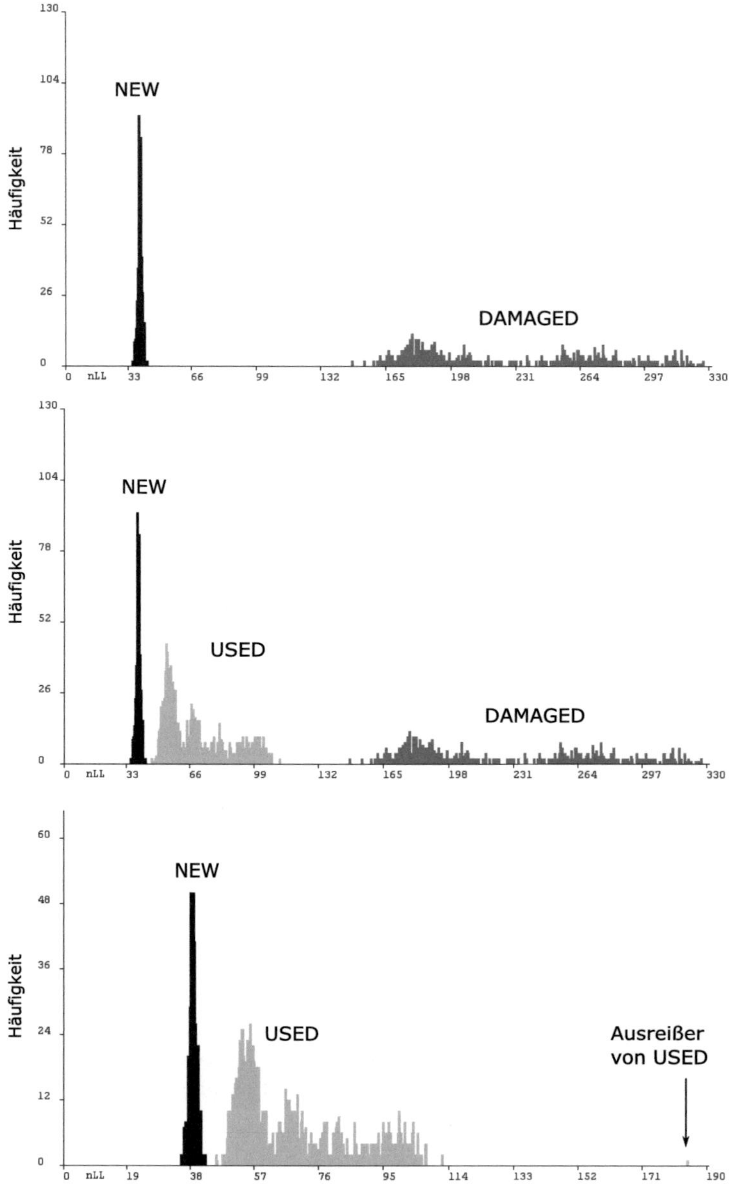

Abbildung 44: OCA-Systemausgaben der Systemvalidierung mit Stichproben entsprechend Tabelle 2 für ein HM-Modell mit 3 Zuständen. Oben: Vergleich *NEW* und *DAMAGED*. Mitte: Gesamtergebnis. Vergleich *NEW* und *USED*. Markierung der Klassengebiete nachträglich durchgeführt.

Kapitel 7

Detektion klopfender Verbrennung

7.1 Problemstellung

Ziel ist es, festzustellen, ob die Verfahren der akustischen Vektor(folg)enklassifikation für die Erkennung klopfender Verbrennung an Ottomotoren unter Verwendung der Körperschallaufnahmen des sogenannten *Klopfsensors* eingesetzt werden können. Für das vorliegende Problem ist abzuschätzen, ob der stochastische Ansatz eine zuverlässige Erkennung der klopfenden Verbrennung ermöglicht.

Der Ausgangspunkt ist die Extraktion von signifikanten Merkmalen aus den angebotenen akustischen Klopfsensorsignalen. Diese werden im ersten Schritt im Analysator in einen Satz von Merkmalen oder in eine zeitliche Folge von Kurzzeit-Merkmalsätzen transformiert. Die Merkmale der Instanzen der nicht klopfenden Verbrennung werden zum Anlernen eines Signalmodells verwendet. In der Kann-Phase wird eine „Ähnlichkeitsbestimmung“ zwischen dem erlernten Modell und Merkmalsätzen unbekannter Signale vorgenommen.

7.2 Untersuchungsgegenstand

Untersuchungsgegenstand war ein 3-Zylinder-Ottomotor, welcher auf einem Motorenprüfstand unter gleichbleibenden Bedingungen untersucht werden konnte. Die bei der Verbrennung entstehenden akustischen Signale wurden mit einem akustischen Klopfsensor direkt am Motor abgegriffen und digital abgespeichert.

7.3 Signalerfassung und -analyse

Die unter Laborbedingungen aufgezeichneten Signale decken einen definierten Zeitbereich um den oberen Totpunkt des Kolbens ab. Die Signale sind gleichanteilsfrei und umfassen einen Wertebereich von $-10V$ bis $+10V$. Sie bestehen jeweils aus 1024 äquidistanten Abtastwerten. In den Abbildungen 45, 46 und 47 sind typische Signale abgebildet. Pro Abbildung sind jeweils zwei Signale dargestellt, die beide aus der selben Klasse stammen. Es wurden 3 grobe Signalklassen definiert, die im folgenden Abschnitt beschrieben werden. Die gewählten Abbildungen zeigen die Herausforderung, dass die Signale einer Klasse sehr unterschiedlich sind. Hinzu kommt das Problem, dass auch hier nur die Zeitsignale einer Klasse (Abb. 45) im notwendigen Umfang erhoben werden können.

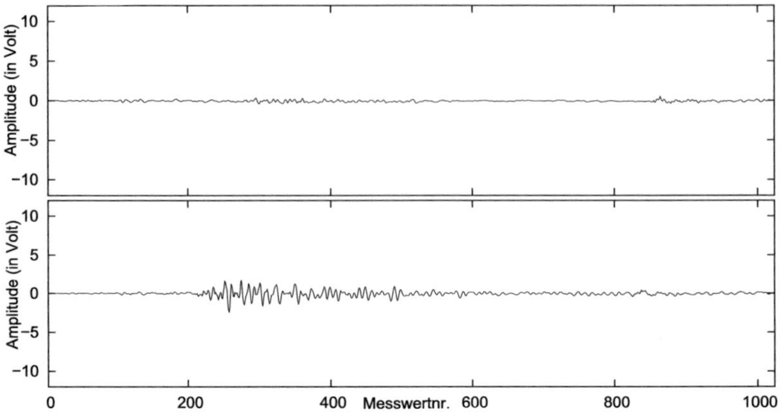

Abbildung 45: Zeitsignale ohne Klopfgeräusch.

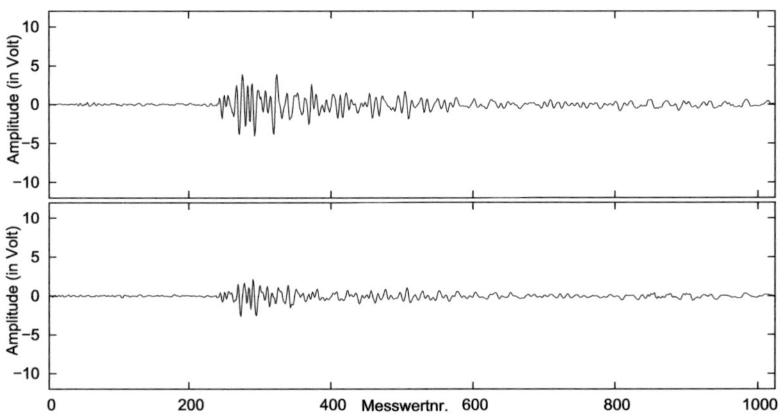

Abbildung 46: Zeitsignale möglicherweise mit Klopfgeräusch.

Akustische Datenbasis

Die verwendeten Körperschallsignale stammen von einem Ottomotor mit einer Drehzahl von etwa 3000 U/min. Sie wurden in Klassen eingeteilt, die 22 Zylinderdruckklassen mit einer Breite von je 250 mbar entsprechen. Die Anzahl der vorhandenen Signalinstanzen je Klasse variiert. Die genaue Anzahl kann Tabelle 5 entnommen werden. Da es mit dem gegebenen Datenmaterial nicht zuverlässig möglich ist, für alle 22 Klassen Modelle zu erstellen bzw. zu trainieren, werden aus den 22 Zylinderdruckklassen die Klassen

CLEAN … kein Klopfer
MAYBE … eventuell Klopfer
KNOCK … Klopfer
TRASH … Signal unbrauchbar

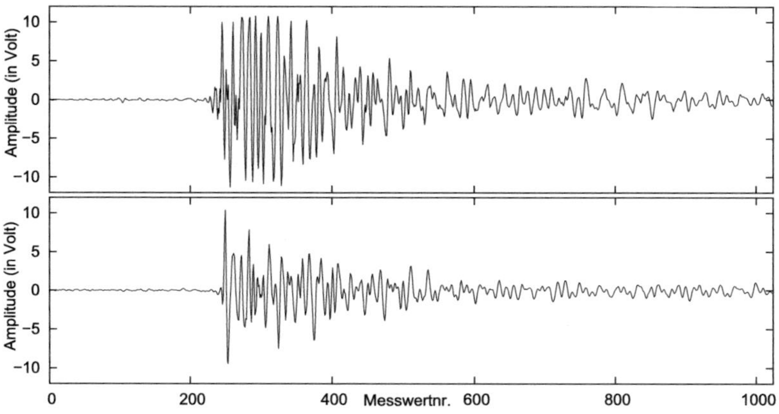

Abbildung 47: Zeitsignale mit Klopfgeräusch.

definiert. Die Klasse *TRASH* spielt für die weiteren Betrachtungen keine Rolle, da sie nur unbrauchbare Signale enthält. Die genaue Zuordnung der anderen Klassen zu den Zylinderdruckklassen und die Anzahl der verfügbaren Signalinstanzen je Klasse kann der Tabelle 5 entnommen werden.

Signalanalyse

Zur Analyse der Signale wurde das Verfahren der Kurzzeit-Spektralanalyse in Form der 1024- und 256-Punkte-FFT eingesetzt. Bei der 1024-Punkte-FFT können alle 1024 Abtastwerte eines zu untersuchenden Signals für die Berechnung seines Spektrums benutzt werden. Da es bei der FFT zu einer periodischen Fortsetzung des zu analysierenden Signals kommt, müssen „Amplitudensprünge" an den Fortsetzungsstellen vermieden werden, da sie das berechnete Spektrum verfälschen. Dies gelingt durch Ein- bzw. Ausblenden der Signale, was von einer Fensterfunktion realisiert wird. Die Gestalt der Fensterfunktion beeinflusst dabei aber das berechnete Spektrum ebenfalls, weshalb die Wahl der Fensterfunktion nicht unkritisch ist [Hof98]. Da viele der verwendeten Signale am Signalanfang und -ende mit sehr geringer Signalamplitude um den Signalwert „0" oszillieren (Elimination des Gleichanteils vorausgesetzt), wurde bei der 1024-Punkte-FFT auf die Verwendung einer Fensterfunktion verzichtet.

Die Signalanalyse mit der 256-Punkte-FFT erlaubt nur die Betrachtung von 256 der 1024 Abtastwerte eines zu untersuchenden Signals. Aus diesem Grund wurden verschobene Fensterfunktionen vom Typ VON HANN benutzt, die an verschiedenen Stellen des Signal 256 Abtastwerte herausschnitten und dabei eine hohe Dämpfung der Signalamplituden am Teilsignalanfang und -ende vornahmen. Durch das Ein- bzw. Ausblenden der so entstandenen Teilsignale gehen an deren Rändern Informationen verloren. Aus diesem Grund wurden die Fensterfunktionen mit einem Fortsetzintervall von nur 128 Abtastwerte über das zu untersuchende Signal geschoben, wodurch ein entstehendes

Klasse	Druckklasse	Bar	Signalinstanzen	Test	Lernen/Statistik
TRASH	P01	<0	20000	-	-
CLEAN	P02	0,00-0,25	20000	4026	15974
CLEAN	P03	0,25-0,50	20000	3997	16003
CLEAN	P04	0,50-0,75	20000	4048	15952
CLEAN	P05	0,75-1,00	20000	3914	16086
CLEAN	P06	1,00-1,25	20000	4015	15985
MAYBE	P07	1,25-1,50	17745	17745	-
MAYBE	P08	1,50-1,75	8364	8364	-
MAYBE	P09	1,75-2,00	3512	3512	-
MAYBE	P10	2,00-2,25	1586	1586	-
MAYBE	P11	2,25-2,50	761	761	-
MAYBE	P12	2,50-2,75	343	343	-
MAYBE	P13	2,75-3,00	181	181	-
MAYBE	P14	3,00-3,25	78	78	-
KNOCK	P15	3,25-3,50	50	50	-
KNOCK	P16	3,50-3,75	30	30	-
KNOCK	P17	3,75-4,00	16	16	-
KNOCK	P18	4,00-4,25	8	8	-
KNOCK	P19	4,25-4,50	1	1	-
KNOCK	P20	4,50-4,75	1	1	-
KNOCK	P21	4,75-5,00	13	13	-
KNOCK	P22	>5,00	-	-	-

Tabelle 5: Zusammensetzung der Datenbasis mit Stichprobenanzahl für die Merkmalstatistik, das Anlernen des Modells und den Test.

Teilsignal zu 50 % aus dem vorherigen und zu 50 % aus dem nachfolgenden Teilsignal besteht. Da für das letzte Teilsignal nur 128 Signalwerte zur Verfügung stehen, wurde es mit Nullen auf die eigentliche Teilsignallänge von 256 ergänzt (engl. *zero padding*).

Bei einer 256-Punkte-FFT mit einem Fortsetzintervall der Fensterfunktion von 128 Abtastwerten ergeben sich aus den zu untersuchenden Signalen mit 1024 Abtastwerten 8 Teilsignale, aus welchen sich 8 Betragsspektren berechnen lassen. Diese Betragsspektren besitzen nur ein Viertel der spektralen Auflösung eines Betragsspektrums der 1024-Punkte-FFT. Dafür ermöglichen sie aber eine zeitliche Lokalisierung von akustischen Ereignissen, da sie das Signal an verschiedenen Stellen beschreiben.

Aus den einzelnen Betragsspektren wurden N-dimensionale Merkmalvektoren (mit $N \in \mathbb{N}$) berechnet. Die Reduzierung deren Dimensionalität erfolgte mittels Hauptkomponentenanalyse. Diese vermindert vorhandene Korrelationen in den Merkmalen und reduziert die Dimensionalität der Merkmalvektoren auf $M \in \mathbb{N}$ (mit $M < N$). Die Wahl von M erfolgte mittels dem Verlauf der absteigend sortierten Eigenwert der Hauptkomponenten aller Merkmalvektoren (Abbildung 48). Es wurden nur soviele Eigenwerte verwendet, bis der erste Eigenwert auf 95 % des maximalsten Eigenwertes abgesunken war. Für die Abbildung 48 ergab sich dieser Grenzwert zu 1 und führte dazu, dass nur

12 Eigenwerte das Kriterium erfüllten und entsprechend eine Merkmaldimension von 12 Hauptkomponenten ausreichend war. Für die Verwendung der 1024-Punkte-FFT ergaben sich 72 Eigenwerte (Abbildung 49).

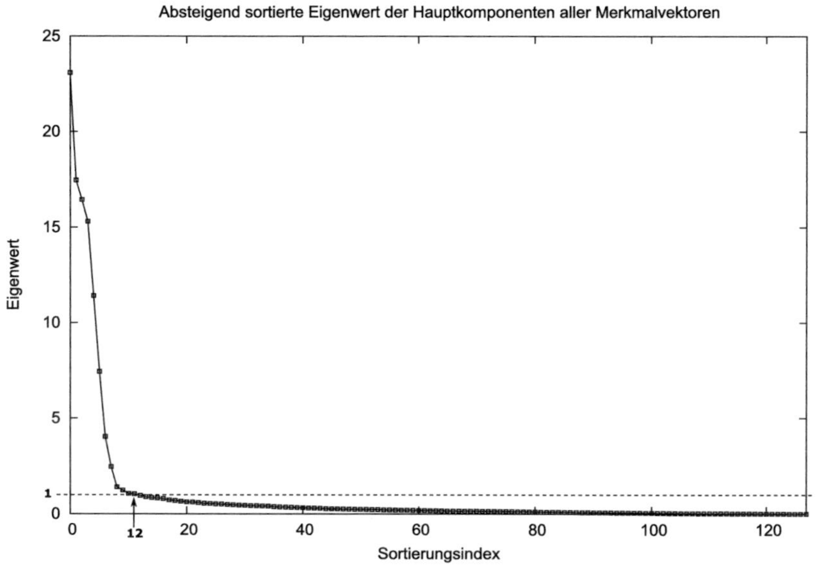

Abbildung 48: Darstellung der absteigend sortierten Eigenwert der Hauptkomponenten aller Merkmalvektoren mit einer 256-Punkte-FFT. Eigenwert 12 kennzeichnet den letzten Eigenwert, der größer als 95 % des größten Eigenwertes ist.

Die Verwendung von 72-dimensionalen Merkmalvektoren in der Signalbewertung führt zu erhöhtem Rechenaufwand. Aus diesem Grund wird bereits vor der Hauptkomponentenanalyse eine Reduzierung der Merkmalvektordimension vorgenommen, indem Koeffizienten der Betragsspektren zusammengefasst werden. Diese Zusammenfassung spektraler Bereiche kann mit konstanter Breite erfolgen oder aus der Beurteilung einer Stichprobe der zu analysieren Signale durch einen Experten resultieren [WWH08] und zeigt bereits bei den Experimenten im Abschnitt 6 gute Ergebnisse. Nach der Zusammenfassung werden die einzelnen Koeffizienten logarithmiert und die Hauptkomponentenanalyse durchgeführt. Die erneute Betrachtung der sortierten Eigenwerte führt zur Festlegung der Merkmaldimension $M = 24$, die sowohl für die 256-Punkte als auch 1024-Punkte-FFT einheitlich verwendet wird.

7.4 Signalbewertung

Die von den Signalanalyseverfahren erstellten Merkmalvektoren bzw. Merkmalvektorfolgen werden den Signalbewertungsverfahren als Eingabe zugeführt. Diese nehmen

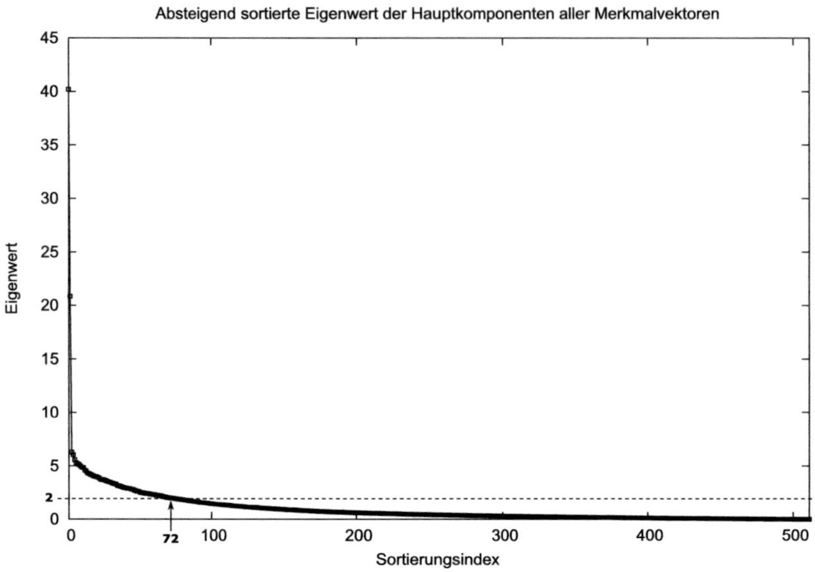

Abbildung 49: Darstellung der absteigend sortierten Eigenwert der Hauptkomponenten aller Merkmalvektoren mit einer 1024-Punkte-FFT. Eigenwert 72 kennzeichnet den letzten Eigenwert der größer als 95 % des größten Eigenwertes ist.

eine Zuordung zur modellierten Klasse *CLEAN* vor. Aufgrund der hohen Anzahl notwendiger Signalinstanzen kann nur diese Klasse der nicht klopfenden Verbrennung modelliert werden. Als Signalgenerierungsmodelle kommen *Hidden-Markov-Modelle* mit fünf Zuständen bzw. GM-Modelle zu Einsatz. Die Anzahl der HMM-Zustände ergibt sich aus der Beobachtung der Signalinstanzen, deren Phasen nicht bekannt sind. Eine mögliche Einteilung könnte die fünf Phasen *Ruhe*, *Anklingen*, *Anhaltend*, *Abklingen* und *Nachschwingen* vorsehen (Abb. 50). Gelingt es, die Phasen in den Trainingsdaten zu markieren (z. B. Abbildung 50), können die Phasen samt ihrer HMM-Zustände mit den jeweils zugehörigen Merkmalvektoren trainiert werden. Die verwendeten Messreihen sind nicht annotiert, weshalb bei Verwendung der beschriebenen 256-Punkte-FFT die 8-elementige Merkmalvektorfolge automatisch auf die fünf festgelegten HMM-Zustände verteilt wird. Diese Festlegung folgt dem Gedanken der fünf Phasen je Signal. Da bei Verwendung der 1024-Punkte-FFT nur ein Merkmalvektor generiert wird, gibt es auch nur einen echten HMM-Zustand, und damit reicht die Verwendung von GM-Modellen. Die Parameterbestimmung erfolgt in der Lernphase entsprechend Abschnitt 3.

Das verwendete Verfahren kann nicht nur eine Bewertung der Signale vornehmen, sondern auch eine Zuordnung zu festgelegten Klassen, solange die entsprechenden Modelle aus einer Trainingsstichprobe spezifiziert werden können. Eine Experimentreihe sah die Zuordnung einer Teststichprobe in drei Klassen (z. B. *kein Klopfer*, *evtl. Klopfer* und *Klopfer*) vor. Ein weiterer Versuch führte eine feine Einteilung durch. Diese Ein-

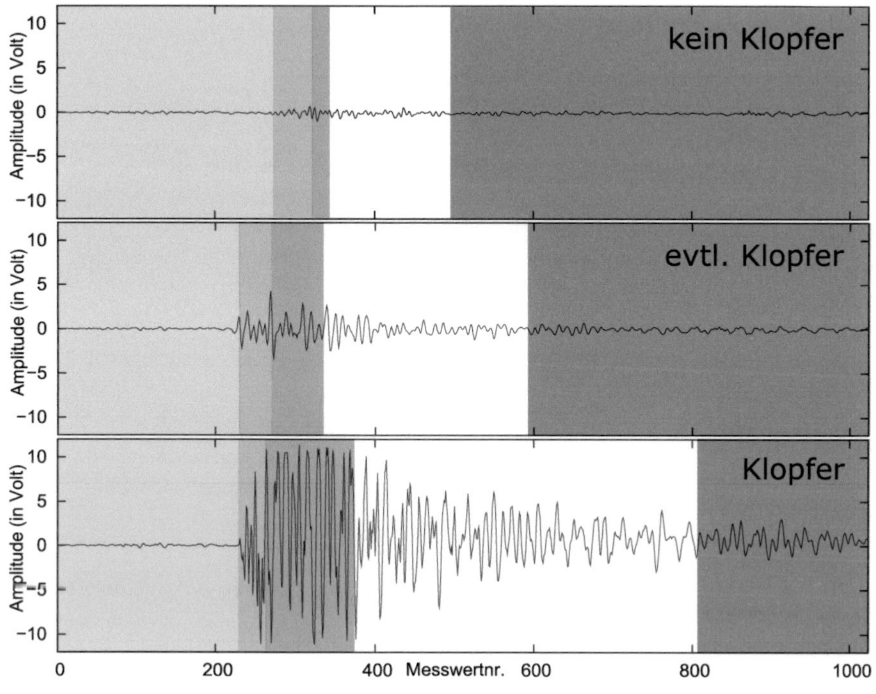

Abbildung 50: Mögliche Signalstrukturen (von links nach rechts: *Ruhe*, *Anklingen*, *Anhaltend*, *Abklingen*, *Nachschwingen*).

teilung sieht Klassen vor, die bestimmten Druckverhältnissen im Zylinder entsprechen und jeweils einen Bereich von 250 mbar abdecken sollen. Dieses Experiment besitzt durch die beschränkte Stichprobengröße wenig Aussagekraft und soll nur eine Tendenz zeigen.

7.5 Experimente und Ergebnisse

Ziel der Klassifikationsaufgabe ist die Detektion der klopfenden Verbrennung. Für die Erstellung eines robusten Modells ist eine große Anzahl akustischer Klopfsignale notwendig. Da diese in ihrer schädlichen Wirkung nur selten auftreten, gibt es von der nichtklopfenden Verbrennung sehr viel mehr Aufnahmen. Aus diesem Grund wird ein Modell der nichtklopfenden Verbrennung erzeugt (CLEAN) und Signalinstanzen daraufhin untersucht, wie ähnlich sie diesem Modell sind. Als Ähnlichkeitsmaß dient die Emissionswahrscheinlichkeit des HMM, angegeben als nLL. Ein kleiner Wert kennzeichnet große Ähnlichkeit. Das verwendete HMM besitzt einen Zustand, was der Verwendung eines GMM entspricht.

Nutzbarkeit des Ein-Klassen-Ansatzes mit GM-Modellen

Im ersten Ein-Klassen-Erkennungsexperiment wurden für die Parameterspezifikation des „kein-Klopfer"-Modells *CLEAN* 80 % der Signale aus den Zylinderdruckklassen P02, P03, P04, P05 und P06 für das Training genutzt. Der Test erfolgte mit den übrigen Signalen. Ziel war die Bestimmung der Ähnlichkeit der Zylinderdruckklassen ($P01 \cdots P22$) bezüglich der einzigen Erkennungsklasse *CLEAN* ausgedrückt als nLL. In Abbildung 51 sind die mittleren nLLs und Standardabweichungen dargestellt.

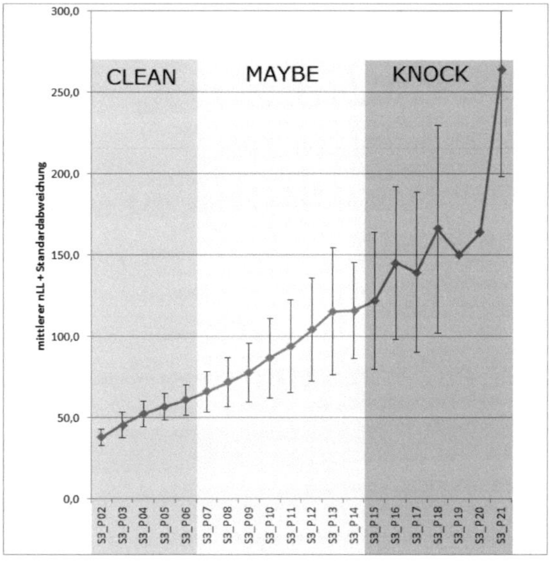

Abbildung 51: Ein-Klassen-Experiment; Training mit 80 % von P02, P03, P04, P05 und P06; Darstellung der mittleren nLLs und Standardabweichungen.

Die Ergebnisse zeigen eine deutliche Abnahme der Ähnlichkeit der oberen Druckklassen zu dem mit trainierten Modell. Aus den mittleren nLL je Zylinderdruckklasse ergeben sich zwei Schwellwerte, die zur Trennung von *CLEAN*, *MAYBE* und *KNOCK* genutzt werden können. Sie ergeben sich an den Schnittpunkten der in Abbildung 51 dargestellten Klassengebiete mit der nLL-Kennlinie (Punkte linear verbunden) und betragen rund 60 bzw. 120.

Werden in die Betrachtung der Schwellwertwahl die Standardabweichungen einbezogen, ist die Festlegung der Schwellwerte schwierig, da mit abnehmender Ähnlichkeit die Standardabweichungen sehr stark ansteigen. Wird ein Schwellwert von 80 definiert, können *CLEAN* und *KNOCK* mit sehr geringem Fehler unterschieden werden. Die Stichprobenelemente von *MAYBE* werden bei dieser Schwellwertwahl mehrheitlich als *KNOCK* bewertet. Es besteht die Frage, wie kritisch diese Zuordung ist. Die

Reduktion der Streuung selbst kann mit hoher Wahrscheinlichkeit durch die Wahl „robusterer“ Merkmale vermindert werden und kennzeichnet den besten Ansatzpunkt für die Optimierung des Ein-Klassen-Ansatzes. Die Auswahl robusterer Merkmale erfordert eine visuelle Begutachtung und subjektive Annotation der verwendeten Daten. Der hohe manuelle Aufwand ist erfahrungsgemäß lohnenswert.

Nutzbarkeit des Ein-Klassen-Ansatzes mit HM-Modellen

Alle bisher präsentierten Ergebnisse basieren auf Versuchen mit der 1024-Punkte-FFT, d. h. es wurde bisher nur ein Merkmalvektor pro Signal verwendet. Das zugehörige HMM besitzt somit nur einen Zustand und eine mehrdimensionale Verteilungsdichtefunktion (GMM), die die Verteilung der Merkmalvektoren der verschiedenen Signale der Trainingsstrichprobe beschreibt. Wird die 256-Punkte-FFT mit überlappenden Signalanalysefenstern angewendet, ergibt sich eine Folge von Merkmalvektoren, und es kann die in Abschnitt 3 beschriebene Folgenklassifikation durchgeführt werden.

In Abbildung 52 ist vergleichend das Ergebnis vom GMM-Ansatz und dasselbe Experiment mit 5 Zuständen im HMM dargestellt. Beide Ergebnisse zeigen einen ähnlichen Verlauf des mittleren nLL, unterscheiden sich aber markant in den Standardabweichungen der einzelnen nLL-Werte, welche sich für *CLEAN* und *MAYBE* stark verkleinert haben. Die Vektorklassifikation ist bei diesen Signalen das genauere Verfahren.

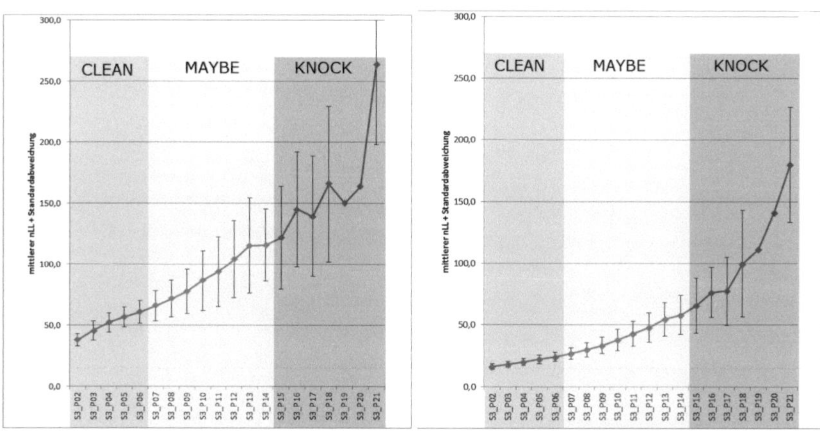

(a) 1-HMM-Zustand (b) 5-HMM-Zustände

Abbildung 52: Vergleich des Ein-Klassen-Experimente mit einem und 5 Zuständen im HMM; Darstellung der mittleren nLLs und Standardabweichungen.

Anwendbarkeit des Ein-Klassen-Ansatzes

Die durchgeführten Experimente zeigen die Möglichkeit, die akustische Vektorklassifikation und Folgenklassifikation für die Detektion klopfender Verbrennung an Ottomotoren mittels Körperschallaufnahmen einzusetzen. Es wurde gezeigt, dass mit dem Signalanalyseverfahren FFT eine Erkennung der *Klopfer* (*KNOCK*) möglicht ist. Für einen zuverlässigen Einsatz ist es notwendig, die starke Streuung des als Gütekriterium eingesetzten nLLs zu senken. Dies kann einerseits durch „robustere" Merkmale erfolgen und andererseits durch eine Lern- und Teststrichprobe mit deutlich mehr Instanzen.

Eine weitere Verbesserung könnte die Annoation der für das Training eingesetzten Signalinstanzen ermöglichen. Während des Trainings wird versucht, die Signalstruktur eigenständig aufzudecken und die entsprechenden Phasen zu modellieren. Da die Signale eine deutliche Struktur (Ruhe, Anklingen usw.) aufweisen, kann es sinnvoll sein, die Signale bzgl. ihrer Struktur zu annotieren und so bestimmte Merkmalvektoren bereits ihrer zugehörigen Phase innerhalb des Ereignisses zuzuordnen oder die Phase als eigenständiges Ereignisse zu betrachten, für welches ein Modell erstellt werden kann. Würde ein Modell vom *Abklingen* erstellt werden, könnte mit diesem die Bestimmung der Abklingdauer ermittelt werden. Diese sehr aufwendige Arbeit ist sehr lohnenswert.

Die akustische Mustererkennung konnte auf den bereitgestellten Daten erfolgreich eingesetzt werden.

Kapitel 8

Zusammenfassung

Im Rahmen dieser Arbeit wurde gezeigt, dass es mit den Methoden der akustischen Vektorfolgenklassifikation [Wol11] [Tsc11] möglich ist, eine akustische Ein-Klassen-Signalbewertung durchzuführen, die sich nur auf die statistische Modellierung einer Klasse von Signalen stützt. Anders als beim üblicherweise verwendeten Ein-Klassen-SVM-Ansatz können beim vorgestellten Ansatz Merkmalvektorfolgen beliebiger Länge bewertet werden. Dies stellt einen wichtigen Vorteil gegenüber dem SVM-Ansatz dar.

In zwei praxisorientierten Problemstellungen konnte der statistische Ein-Klassen-Ansatz verdeutlichen, dass mit akustischen Signalen (z. B. Köperschallsignale) eine Zustandsüberwachung beweglicher Bauteile möglich ist. Bei überlegter Wahl und Parametrierung der notwendigen Signalanalyseverfahren kann das vorgestellte Verfahren in der Maschinendiagnostik eingesetzt werden.

Ein erreichtes Ziel dieser Arbeit ist es, selbstbeschreibende Dokumente zu definieren, die alle für ein akustisches Signal vorhandenen Informationen enthalten und dabei eine automatisch verarbeitbare Struktur besitzen. Neu ist dabei der Ansatz, auch die Audiosignale in die Struktur zu integrieren. Damit bindet ein Dokument alle Informationen eines akustischen Objektes. Der Austausch von vollständig beschriebenen akustischen Objekten wird dadurch möglich. Durch die Selbstbeschreibung der in den ausgetauschten Dokumenten enthaltenen Daten kann es nicht zu Fehlinterpretationen kommen. Dies ist besonders beim Austausch zwischen verschiedenen Signalverarbeitungsmodulen wichtig, da die bekannten Probleme der Bytereihenfolge beseitigt werden. Für den Benutzer ergibt sich der Vorteil, dass die Daten allzeit les- und interpretierbar bleiben. Durch die Verwendung der Standardtechnologien XML, DTD und XSLT können die Daten außerdem in verschiedenste Zielformate konvertiert werden und so einen schnelleren Überblick über die vorhandenen Daten eines akustischen Signals bieten. Wird zur Darstellung der Daten ein Internetbrowser genutzt, so kommt ein weiterer Vorteil zum Tragen, denn dadurch wird die Navigation in den Daten ermöglicht. Wird der Ansatz konsequent durchgehalten, wird im Ergebnis eine akustische Datenbasis aufgebaut, die maximal soviele Dokumente enthält, wie akustische Signale aufgenommen wurden sind. Dies ist ein Unterschied zu bestehenden akustischen Datenbasen, wie zum Beispiel der des Verbmobil-Projektes [Wah00] oder des TC-STAR-Projektes [JWC$^+$07]. Bei einer sehr großen Datenbasis bietet sich die Integration in vorhandene XML-Datenbanksystem an, die ohne weiteres möglich ist.

Literaturverzeichnis

[BF01] BERTINO, E. ; FERRARI, E.: XML and data integration. In: *IEEE Internet Computing* 5 (2001), Nr. 6, S. 75 –76

[Bol79] BOLL, S. F.: Suppression of Acoustic Noise in Speech Using Spectral Subtraction. In: *IEEE Transactions on Acoustics, Speech and Signal Processing* 27 (1979), Nr. 2, S. 113–120

[BPSM+11] BRAY, T. ; PAOLI, J. ; SPERBERG-MCQUEEN, C. M. ; MALER, E. ; YERGEAU, F.: *Extensible Markup Language (XML) 1.0 (Fifth Edition), W3C Recommendation, REC-xml-20081126, 26 November 2008.* http://www.w3.org/TR/2008/REC-xml-20081126/, Dezember 2011

[BPTD09] BICEGO, M. ; PEKALSKA, E. ; TAX, D. M. J. ; DUIN, R. P. W.: Component-based discriminative classification for hidden Markov models. In: *Pattern Recognition* 42 (2009), Nr. 11, S. 2637–2648

[Bra97] BRADLEY, A. P.: The use of the area under the ROC curve in the evaluation of machine learning algorithms. In: *Pattern Recognition* 30 (1997), Nr. 7, S. 1145–1159

[Cat66] CATTELL, R. B.: The Scree Test for the Number of Factors. In: *Multivariate Behavioral Research* 2 (1966), S. 245–276

[CV95] CORTES, C. ; VAPNIK, V. N.: Support Vector Networks. In: *Machine Learning* 20 (1995), S. 273–297

[DEG11] DEUTSCH, P. ; ENTERPRISES, A. ; GAILLY, J. L.: *ZLIB Compressed Data Format Specification version 3.3, Internet Engineering Task Force (IETF), Network Working Group, RFC-1950, May 1996.* http://www.ietf.org/rfc/rfc1950.txt, Dezember 2011

[Eic07] EICHNER, M.: *Spracherkennung und Sprachsynthese mit gemeinsamen Datenbasen - Akustische Analyse und Modellierung*, Technische Universität Dresden - Fakultät Elektrotechnik und Informationstechnik, Diss., 2007

[Far10] FAROOQ, A.: *Development of prediction systems using neural networks for intelligent spinning machines*, Technische Universität Dresden - Fakultät Maschinenwesen, Diss., 2010

[Hän01] HÄNSLER, E.: *Statistische Signale - Grundlagen und Anwendungen.* 3. Auflage. Berlin: Springer, 2001. – ISBN 3–540–41644–7

[HEWW03] HOFFMANN, R. ; EICHNER, M. ; WERNER, S. ; WOLFF, M.: The Project UASR (Unified Approach for Speech Synthesis and Recognition) - A Progress Report. In: *DAGM Speech Processing Workshop* (2003), S. 17–24

[Hof98] HOFFMANN, R.: *Signalanalyse und -erkennung : Eine Einführung für Informationstechniker.* Berlin etc.: Springer, 1998. – ISBN 3–540–63443–6

[HR92] HOFSTETTER, E. M. ; ROSE, R. C.: Techniques for task independent word spotting in continuous speech messages. In: *Proceedings of IEEE International Conference on Acoustics, Speech, and Signal Processing (ICASSP)* Bd. 2, 1992, S. 101–104

[JWC+07] JOKISCH, O. ; WITTENBERG, S. ; CUEVAS, M. ; HUSSEIN, H. ; STRECHA, G. ; DING, H. ; HOFFMANN, R.: Towards an Automatic Process Chain for the Speech Corpora Annotation. In: *12th International Conference Speech and Computer (SPECOM)*, 2007, S. 869–876

[Kay11] KAY, M.: *XSL Transformations (XSLT) Version 2.0, W3C Recommendation, REC-xslt20-20070123, 23 January 2007*. http://www.w3.org/TR/2007/REC-xslt20-20070123/, Dezember 2011

[KK03] KUDRASS, T. ; KRUMBEIN, T.: Rule-Based Generation of XML DTDs from UML Class Diagrams. In: *Proceedings of 7th East European Conference, ADBIS 2003*, Berlin etc.: Springer, 2003

[Kon04] KONDOZ, A. M.: *Digital Speech: Coding for Low Bit Rate Communication Systems*. 2. Auflage. John Wiley and Sons Ltd., 2004. – ISBN 0–470–87008–7

[Obj11] OBJECT MANAGEMENT GROUP: *UML Version 2.4.1 Superstructure specification*. http://www.omg.org/spec/UML/2.4.1/Superstructure/PDF, dec 2011

[OS99] OPPENHEIM, A. V. ; SCHAFER, R. W.: *Zeitdiskrete Signalverarbeitung*. 3. durchgesehene Auflage. R. Oldenbourg Verlag, 1999. – ISBN 3–486–24145–1

[PCF+08] PUSCH, T. ; CHERIF, Ch. ; FAROOQ, A. ; WITTENBERG, S. ; HOFFMANN, R. ; TSCHÖPE, C.: Early fault detection at textile machines with the help of structure-borne sound analysis. In: *Melliand English* 11-12 (2008), S. 144–145

[PCF+09a] PUSCH, T. ; CHERIF, Ch. ; FAROOQ, A. ; WITTENBERG, S. ; HOFFMANN, R. ; TSCHÖPE, C.: Early fault detection at textile machines with the help of structure-borne sound analysis. In: *Melliand China* 6 (2009), S. 54–56

[PCF+09b] PUSCH, T. ; CHERIF, Ch. ; FAROOQ, A. ; WITTENBERG, S. ; HOFFMANN, R. ; TSCHÖPE, C.: Fehlerfrüherkennung an Textilmaschinen mit Hilfe der Körperschallanalyse. In: *Melliand Textilberichte 90* 3 (2009), S. 113–115

[PFC+08] PUSCH, T. ; FAROOQ, A. ; CHERIF, Ch. ; WITTENBERG, S. ; HOFFMANN, R.: Early fault detection at textile machines with the help of structure-borne sound analysis. In: *CD-Rom und Kurzreferateband 2. Aachen-Dresden International Textile Conference*, 2008, S. 177–178

[SB04] SCHRÖDER, M. ; BREUER, S.: XML Representation Languages as a Way of Interconnecting XML Representation Languages as a Way of Interconnecting TTS Modules. In: *Proceedings of 8th International Conference on Spoken Language Processing (ICSLP)*, 2004

[SEH07] STRECHA, G. ; EICHNER, M. ; HOFFMANN, R.: Line Cepstral Quefrencies and Their Use for Acoustic Inventory Coding. In: *Proceedings of 8th Conference of International Speech Communication Association* (2007), S. 2873–2876

[Smi00] SMITH, C. L.: Handbook of the International Phonetic Association: a guide to the use of the International Phonetic Alphabet. In: *Phonology* 17 (2000), Nr. 2, S. 291–295

[Tan09] TANENBAUM, A. S.: *Modern operating systems*. 3. Auflage. Upper Saddle River, NJ: Pearson Prentice-Hall, 2009. – ISBN 0–13–813459–6

[Tax01] TAX, D. M. J.: *One-class classification*, Delft University of Technology, Diss., 2001

[Ter85] TERHARDT, E.: Fourier Transformation of Time Signals: Conceptual Revision. In: *Acustica* 57 (1985), S. 242–256

[Tsc11] TSCHÖPE, C.: *Akustische zerstörungsfreie Prüfung mit Hidden-*MARKOV-*Modellen*, Technische Universität Dresden - Fakultät Elektrotechnik und Informationstechnik, Diss., 2011

[URJ03] UNNTHORSSON, R. ; RUNARSSON, T. P. ; JONSSON, M. T.: Model Selection in One-Class v-SVMs using RBF Kernels. In: *Proceedings of 16th international congress Condition Monitoring and Diagnostic Engineering Management*, 2003

[VHH98] VARY, P. ; HEUTE, U. ; HESS, W.: *Digitale Sprachsignalverarbeitung*. Stuttgart: B. G. Teubner, 1998. – ISBN 3–519–06165–1

[Wah00] WAHLSTER, W.: *Verbmobil: Foundations of Speech-to-Speech Translation*. Artificial Intelligence. Berlin etc.: Springer, 2000. – ISBN 3–540–67783–6

[Wel97] WELLS, J. C.: SAMPA computer readable phonetic alphabet. In: *Handbook of Standards and Resources for Spoken Language Systems* Part IV, Section B (1997)

[WH08] WITTENBERG, S. ; HOFFMANN, R.: Erweiterung eines HMM-basierten Spracherkennungssystems für die Zustandsüberwachung beweglicher Maschinenteile. In: *Studientexte zur Sprachkommunikation, Tagungsband der 19. Konferenz Elektronische Sprachsignalverarbeitung*, 2008, S. 133–140

[Wir98a] WIRTH, R.: Maschinendiagnose an Industrieanlagen. Teil I: Grundlagen der Analyseverfahren. In: *Antriebstechnik* 37 (1998), Nr. 10, S. 75–80

[Wir98b] WIRTH, R.: Maschinendiagnose an Industrieanlagen. Teil II: Signalidentifikation in der Praxis. In: *Antriebstechnik* 37 (1998), Nr. 11, S. 77–81

[WJ10] WITTENBERG, S. ; JOKISCH, O.: Das Prosodisch-Phonetische Annotationssystem PROPHANO. In: *Studientexte zur Sprachkommunikation 58, Tagungsband der 21. Konferenz Elektronische Sprachsignalverarbeitung*, 2010, S. 71–76

[Wol11] WOLFF, M.: *Akustische Mustererkennung*. Dresden: TUDpress Verlag der Wissenschaften, 2011. – ISBN 3–942–71014–5

[WS05] WUNSCH, G. ; SCHREIBER, H.: *Stochastische Systeme*. 4. neu bearbeitete Auflage. Berlin etc.: Springer (Lehrbuch), 2005. – ISBN 3–540–29225–X

[WWH08] WITTENBERG, S. ; WOLFF, M. ; HOFFMANN, R.: Feasibility of statistical classifiers for monitoring rollers. In: *Proceedings of International Conference on Signals and Electronic Systems (ICSES)*, 2008, S. 463–466

[ZT80] ZWICKER, E. ; TERHARDT, E.: Analytical expressions for critical-band rate and critical bandwidth as a function of frequency. In: *Journal of the Acoustical Society of America* 68 (1980), S. 1523–1525

[ZZ03] ZOLLNER, M. ; ZWICKER, E.: *Elektroakustik*. 2. korrigierter Nachdruck der 3. verbesserten und erweiterten Auflage 1993. Berlin etc.: Springer (Lehrbuch), 2003. – ISBN 3–540–64665–5